**COMO
VENDER
VALOR NO
MERCADO
JURÍDICO**

Como vender valor no mercado jurídico: o que fazer quando qualidade técnica não é mais diferencial competitivo

Copyright © 2019 by Bruno Strunz
Copyright © 2019 by Novo Século Editora Ltda.

1ª reimpressão.

EDIÇÃO: Renata de Mello do Vale
PREPARAÇÃO DE TEXTO: Eloiza Lopes
REVISÃO: Edilene Santos
CAPA: Nair Ferraz
PROJ. GRÁFICO: Bruna Casaroti

Texto de acordo com as normas do Novo Acordo Ortográfico da Língua Portuguesa (1990), em vigor desde 1º de janeiro de 2009.

DADOS INTERNACIONAIS DE CATALOGAÇÃO NA PUBLICAÇÃO (CIP)
Angélica Ilacqua CRB-8/7057

Strunz, Bruno
Como vender valor no mercado jurídico: o que fazer quando qualidade técnica não é mais diferencial competitivo / Bruno Strunz.
Barueri, SP: Figurati, 2019.

1. Sucesso nos negócios 2. Marketing jurídico
3. Advocacia – Técnicas de venda 4. Negociação I. Título

19-1969   CDD 340.023

Índice para catálogo sistemático:
1. Sucesso nos negócios

Alameda Araguaia, 2190 – Bloco A – 11º andar – Conjunto 1111
CEP 06455-000 – Alphaville Industrial, Barueri – SP – Brasil
Tel.: (11) 3699-7107 | Fax: (11) 3699-7323
www.gruponovoseculo.com.br | atendimento@gruponovoseculo.com.br

Bruno Strunz

COMO VENDER VALOR NO MERCADO JURÍDICO

O que fazer quando qualidade técnica não é mais diferencial competitivo

DEDICATÓRIA

Aos meus filhos, Rafael e Lucas, por representarem o meu "porquê", a maior fonte de inspiração por trás de tudo que faço na minha vida. E por me ensinarem, diariamente, que a beleza da vida está na sua simplicidade. Um sorriso, um abraço, um olhar. Amo vocês mais do que podem imaginar!

À Marília, por apoiar cada nova ideia e se emocionar com cada novo passo. Você preenche, com leveza e carinho, os caminhos mais difíceis, sempre me lembrando que meu passado nunca será maior do que o meu presente e futuro. Te amo!

Aos meus pais, Ricardo e Célia, pelo amor incondicional e pela torcida constante para que eu encontre a minha felicidade.

AGRADECIMENTOS

Este livro dificilmente existiria se não fosse o apoio do meu amigo e sócio José Ricardo Noronha. Além do amplo respeito e carinho que temos um pelo outro, acreditamos que não há limites para o que podemos construir juntos. E o Zé foi uma das primeiras pessoas que disse: "Bruno, por que você não escreve um livro?". E aqui estamos. Por isso, é uma honra enorme poder contar com as suas palavras no prefácio deste livro.

Aos nossos queridos clientes, que confiam no nosso trabalho e nos motivam a constantemente desafiar o *status quo*. Vocês me motivam a usar o meu "tanque de reserva" para buscar algo que ajude cada um de vocês a transformar seu negócio. Obrigado pelo carinho e pela confiança!

Aos meus gurus, Tim Ferriss, Jim Kwik, Tony Robbins, Tom Bilyeu, Ed Mylett, Brendon Burchard, David Goggins, William Ury, Derek Sivers, Simon Sinek, Carol Dweck, Amy Cuddy, Jim Collins, Daniel Kahneman, Ram Charan e Seth Godin, entre tantos outros, que, mesmo sem saber, transformaram minha vida. Vocês me ensinaram que somos ao mesmo tempo professores e aprendizes do nosso próprio desenvolvimento. E que o termo "autoajuda" é a melhor representação do que temos que fazer para evoluir: nos ajudar.

PREFÁCIO

Antes de falar sobre este incrível livro do meu querido amigo e sócio Bruno Strunz, que tem tudo para se transformar em um *best-seller* no cada vez mais complexo e desafiador mundo jurídico, quero aqui compartilhar com você uma rápida história que se inicia no ano de 1996.

Esse foi o ano em que ingressei em uma das mais prestigiadas escolas de Direito do Brasil, a Pontifícia Universidade Católica de São Paulo (PUC-SP). No entanto, a despeito da excelente formação acadêmica, infelizmente não pude seguir a carreira jurídica, em virtude de gigantescos e inimagináveis desafios vividos em minha vida pessoal e profissional exatamente à época da faculdade.

Desafios que, inclusive, foram os grandes responsáveis por eu "cair" praticamente de paraquedas no mundo das vendas, que não por acaso (e nada é por acaso!) se transformou em uma das minhas maiores paixões. Foi como representante comercial sem grandes perspectivas à época da faculdade e com um escritório incrivelmente simples na Rua Barão de Itapetininga que dei início à minha jornada pelo fascinante mundo das vendas. Foram dias, semanas e anos muito difíceis. Mas foram também anos inesquecíveis, de muito aprendizado e construção de uma das mais importantes crenças pessoais e profissionais que unem este amigo vendedor caipira com o paulistano da gema que é o Bruno: não acreditamos em talento!

E depois de uma longa carreira como executivo de uma empresa multinacional, decidi virar empreendedor. Nascia ali a empresa Paixão por Vendas, que desde o início se configurou com uma butique especializada em treinamentos de vendas de alta performance e que, com a graça de Deus, cresceu de forma vigorosa e acelerada ao longo dos últimos anos, durante os quais contamos sempre com o carinho e a confiança de algumas das melhores e mais incríveis empresas do Brasil e do mundo.

E, por uma feliz coincidência da vida, já na Paixão por Vendas, tive a oportunidade de conduzir diversos treinamentos num escritório de advocacia em São Paulo, fundado por dois amigos da faculdade, sobre diversos fascinantes temas que serão aqui abordados pelo Bruno com incrível clareza e objetividade. Foi nesse escritório que conheci o Bruno, que já era sócio dos meus amigos.

Desde nossos primeiros encontros, ele chamou muito a minha atenção pela sua incrível disciplina de execução, certamente impulsionada pela sua ascendência germânica, pelas passagens bem-sucedidas nas gigantes Volkswagen e Ambev e pela busca quase insana de aprofundamento de novos conhecimentos e novas técnicas, que eu e nossos pares discutíamos em todos os nossos encontros. Encontros que, frise-se, eram de fato marcantes, especialmente levando em consideração que praticamente nenhum profissional com a nossa formação acadêmica tinha o conhecimento mais básico sobre temas de crucial importância para o mercado, como marketing, negociação, posicionamento competitivo, venda de valor etc., que hoje se fazem tão necessários à construção de bons, sólidos e sustentáveis escritórios de advocacia.

Passados alguns anos, o Bruno, que já tinha se tornado um grande amigo, me chama para um café e compartilha comigo seu desejo de fazer uma importante mudança em sua vida: a transição de advogado para palestrante e especialista em treinamento de vendas. Como sempre faço com todos com quem tenho a honra de aprender e servir, fui bastante franco com ele, até em virtude de já ter feito uma transição importante, corajosa e maluca em minha carreira: disse a ele que o nosso único e mais importante diferencial competitivo seria a nossa capacidade singular de nos conectarmos de forma visceral aos principais desafios de cada um dos nossos clientes.

A partir daquele momento, começamos a trocar cada vez mais ideias e *insights* e a entender que nossos ideais, valores, princípios, propósitos e sonhos eram de fato congruentes, pois, ao final do dia, acreditávamos na criação de uma vigorosa cultura empresarial. E, quanto mais conversávamos, mais ficava claro que o Bruno seria o parceiro ideal para criar um negócio inspirador, 100% orientado ao mercado jurídico. Nascia ali, depois de alguns bons meses de conversa, a PPVLaw, uma butique de treinamentos e consultoria exclusivamente dedicada ao mundo jurídico. O advogado Bruno virou palestrante e treinador.

A receptividade a esse novo e inspirador projeto não poderia ter sido melhor! Rapidamente, o Bruno conseguiu montar uma excelente carteira de clientes dos mais variados portes, todos eles ávidos por entender melhor uma série de técnicas, habilidades, conhecimentos, comportamentos e atitudes que não necessariamente fazem parte do repertório dos bons profissionais do Direito. E, em todos eles, sem exceção, os resultados têm sido de fato surpreendentes!

E é exatamente isso que você pode esperar desta incrível obra: técnicas, habilidades, conhecimentos, comportamentos e atitudes que vão lhe permitir se diferenciar em um mercado jurídico cada vez mais competitivo, complexo e desafiador, no qual os clientes, quando não veem diferenças entre as diversas opções que têm à sua frente, optam pelo escritório e pelo advogado que lhes apresentarem o menor preço. Aliás, um dos maiores e mais importantes desafios que serão apresentados por esta obra é o combate disciplinado e estruturado a essa temida comoditização, que tem afligido advogados e também escritórios de todos os portes e das mais variadas áreas do Direito.

Prepare-se para uma jornada fascinante, inspiradora e repleta de exercícios práticos que unem teoria, prática e paixão para que você comece imediatamente a praticar tudo o que o

Bruno, de forma humilde, clara, impactante e, acima de tudo, comprometida, compartilhará a partir de agora!

Uma obra prática, rápida, completa e que se transformará em um grande manual que lhe acompanhará o tempo todo nestes tempos de mudanças tão aceleradas, que exigem a transformação de uma boa estratégia em uma incrível execução, sempre com foco absoluto em oferecer experiências memoráveis aos clientes.

Uma jornada que, já posso lhe antecipar, será provocativa ao longo de cada página, pois, ao final do dia, tanto eu quanto o Bruno acreditamos que, no mercado incrivelmente competitivo em que hoje vivemos, não é o melhor e nem o mais talentoso que ganha, mas quem se prepara melhor.

Prepare-se para vender valor! Prepare-se para brilhar! Prepare-se para transformar positivamente sua carreira no mundo jurídico!

Um grande abraço do seu amigo vendedor,

José Ricardo Noronha
Vendedor, palestrante e consultor

Sumário

Introdução | 12

1 PAIXÃO E ATITUDE | 15
Encontre o seu "porquê" | 20
Compromissos pessoais | 27

2 O CICLO DE RELACIONAMENTO COM CLIENTES E AS SUAS FASES | 29
As seis fases | 32

3 PLANEJAMENTO E PREPARAÇÃO | 35
Perfil de cliente ideal | 38
O impacto da confiança no ciclo de relacionamento com clientes | 40
Priorização de clientes | 42
Compromissos pessoais | 45

4 PROSPECÇÃO | 47
Como melhorar nossa comunicação | 50
Formas de prospecção e marketing de conteúdo | 52
Compromissos pessoais | 57

5 LEVANTAMENTO DE NECESSIDADES | 59
Conexão | 64
Diferenciação | 66
Erros mais comuns | 69
Compromissos pessoais | 71

6 NEGOCIAÇÃO E FECHAMENTO | 73
 Os cinco pilares | 77
 Fechamento | 81
 Dicas extras | 83
 Da teoria à prática: principais falhas | 88
 Compromissos pessoais | 89

7 ATENDIMENTO | 91
 Regularidade antes de criatividade | 94
 Experiência do cliente | 95
 Compromissos pessoais | 105

8 GESTÃO DO TEMPO E EXECUÇÃO | 107
 A arte de dizer "não" | 111
 Hábitos | 114
 Motivação | 118
 Ideias não valem nada sem execução | 121
 Compromissos pessoais | 125

 Posfácio | 126
 Referências | 127

INTRODUÇÃO

Se você se interessou por este livro, provavelmente concorda que o mercado jurídico mudou.

De um lado, os escritórios estão enfrentando concorrentes cada vez melhores e mais agressivos, dificuldade no posicionamento de seus diferenciais competitivos e negociações mais duras com clientes cada vez mais exigentes e desafiadores. De outro, os clientes sentem uma dificuldade crescente em diferenciar um escritório do outro, gerando uma ampla comoditização do setor. E, orbitando esse novo cenário, *lawtechs* – empresas de tecnologia focadas no mercado jurídico – surgem para, por meio de algoritmos, substituir parte do trabalho antes desenvolvido por advogados.

Então surge a pergunta: Como vender valor no mercado jurídico?

A percepção de valor pode ser extremamente subjetiva, já que depende da correlação entre benefícios e custos (valor = benefícios – custos). Enquanto você pode se apoiar numa análise exclusivamente financeira, alguns podem avaliar outros fatores, como relevância do projeto para a imagem da empresa, mitigação de riscos etc.

Assim, neste mundo cada vez mais homogêneo em que vivemos, "vender valor" passa necessariamente por investir no maior diferencial competitivo da sua empresa ou do seu escritório... Você!

Imagine que você e seus amigos conseguiram uma reserva para jantar num dos melhores e mais conceituados restaurantes do mundo. Todos estão com uma expectativa altíssima em relação à experiência – guarde essa palavra! – que vocês viverão naquela noite. Depois de se sentarem à mesa, o garçom oferece a vocês a pior experiência que já tiveram em suas vidas.

Agora, pense comigo: importa o nome do restaurante ou o do chef? Ou se a comida era espetacular?

Então voltamos à pergunta: Como vender valor no mercado jurídico?

Precisamos sair da nossa zona de conforto. Enquanto o mercado ainda cair na "armadilha do sucesso", conforme será discutido no Capítulo 1, vai achar que basta continuar fazendo as mesmas coisas. Assim, fatalmente sobreviverão não os maiores, mas aqueles que souberem se adaptar. Darwinismo na essência.

Quando qualidade técnica (*hard skill*) passa a não ser mais um diferencial competitivo, mas condição de existência, a percepção de valor e de diferenciação passa pelo incremento das habilidades sociocomportamentais (*soft skills*). Gente lidando com gente. Paixão e atitude, técnicas de vendas, negociação e atendimento são algumas das técnicas e habilidades essenciais para o novo profissional do Direito, que, infelizmente, pouco tivemos no ensino superior tradicional.

E é sobre isso que vamos falar.

Obrigado pelo carinho e pela confiança! Aproveite!

Bruno Strunz

CAPÍTULO 1

Paixão e atitude

"Quando você se inscreve para uma maratona, não quer que um táxi te leve até a linha de chegada."

Derek Sivers

A partir do momento que qualidade técnica (*hard skill*) é condição de existência – e não mais diferencial competitivo – nesse mercado desafiador, dois elementos passam a ser fundamentais para todos que fazem parte do mercado jurídico: paixão e atitude.

Sei que isso soa um pouco "autoajuda" demais, porém aqui já valem duas provocações: 1. Você não precisa se ajudar?; 2. Você prefere não ter paixão e atitude no que faz?

Há anos escuto e leio sobre uma das maiores falácias do mundo moderno: a existência de duas vidas separadas – a pessoal e a profissional. Acredito que só existe uma vida e a diferença está em como você investe o seu tempo entre suas diversas caixas.

Jim Collins – guru do trio do 3G da Ambev -, no seu livro *Empresas feitas para vencer*, nos brinda com um exercício simples e impactante para ajudar a descobrir uma intersecção poderosa entre três fatores das nossas vidas: 1. o que somos apaixonados por fazer; 2. em que poderíamos ser o melhor do mundo?; 3. o que o mercado pagaria para fazermos.

A intersecção desses elementos é o que o autor chama de "conceito do porco-espinho", que é um animal que tem uma única e eficaz estratégia para se defender de seus inimigos: seus espinhos.

O que você é apaixonado em fazer?

Foco

O que o mercado pagaria para você fazer?

Em que você poderia ser o melhor do mundo?

Fonte: Collins (2006).

E não deveríamos descansar enquanto não encontrássemos o nosso "espinho"! Durante muito tempo, somos ensinados a melhorar nossos pontos fracos e investir neles, mas isso é bobagem. Ayrton Senna era um brilhante piloto, e o que ele treinava incansavelmente? Matemática? História?

Nossos pontos fracos não podem nos limitar, ser um obstáculo em nossas vidas, mas, quando eles estão sob controle, o que efetivamente nos levará a sermos uma melhor versão de nós mesmos é investir em nossos pontos fortes.

Para quem tem dificuldade em descobrir os próprios pontos fortes, seguem algumas dicas práticas:

- Considerando as atividades da sua rotina, quais são aquelas que para você são relativamente fáceis, mas que a maioria das pessoas tem dificuldade em executar?
- Peça a opinião de pessoas ao seu redor, dentro e fora do trabalho, sobre quais são seus pontos fortes e quais são seus pontos fracos.
- Reflita sobre o seu dia a dia e sobre os momentos em que você entra em estado ideal de foco, ou estado de *flow*[1] durante o qual você atinge seu nível máximo de eficiência e produtividade. Caso queira aprofundar o assunto, recomendo também a leitura de *Descubra seus pontos fortes*, de Donald O. Clifton, que oferece ferramentas que auxiliam na definição dos seus cinco pontos fortes predominantes.

E por que se dar ao trabalho de descobrir tudo isso?

Porque metas somente nos levam até um certo ponto. O restante do caminho deve ser completado por nossas razões, o nosso propósito, o nosso "porquê".

---

[1] Termo criado por Mihaly Csikszentmihalyi em seu livro *Flow: the psychology of optimal experience*.

ENCONTRE O SEU "PORQUÊ"

No livro *Por quê?: como grandes líderes inspiram ação*, o autor e palestrante Simon Sinek apresenta uma tese provocadora sobre como as empresas se comunicam.

Segundo ele, a maioria das empresas comunica "o que" elas fazem, algumas também comunicam "como" elas fazem seus produtos/serviços, mas poucas comunicam "por que" elas fazem o que fazem – seu propósito de existência –, de maneira contundente, genuína e defensável.

Empresas como Apple, Amazon, Harley-Davidson e Zappos estabeleceram uma bússola interna que serve como um guia para todas as suas decisões estratégicas. Um exemplo é o *think different*, ou "pensar diferente" da Apple, que influenciou muito sua cultura. Outro exemplo é a Amazon, que nunca se considerou uma grande livraria, mas algo muito maior.

Os autores brasileiros Sandro Magaldi e José Salibi Neto, no livro *Gestão do amanhã: tudo o que você precisa saber sobre gestão, inovação e liderança para vencer na 4ª revolução industrial*, analisam a trajetória da Amazon guiada por um modelo de negócio diferente: a experiência do cliente. Segundo eles, se a Amazon tivesse seguido a cartilha tradicional dos negócios, provavelmente seria uma grande livraria, mas nem de perto a gigante que é hoje.

Questione-se: O que faz a Amazon? E o Google? E a Apple? Livros, tecnologia, meios de pagamento, *streaming* de vídeos e muito mais.

Agora, a pergunta mais difícil: O que faz seu escritório ou sua empresa?

E como não virar uma Blockbuster, Nokia ou Kodak, antes gigantes em seus mercados, até o dia em que deixaram de ser?

Precisamos aprender a aprender.

Aprendendo a aprender

A *Harvard Business Review* publicou um interessante artigo sobre os motivos que levam certas organizações a não aprenderem (GINO; STAATS, 2015). E as provocações são fascinantes!

Segundo os autores, estes são os fatores que levam organizações a não desenvolverem uma mentalidade de crescimento (falaremos mais sobre esse conceito adiante):

EVITAR RISCOS. As organizações não desenvolvem, não investem no treinamento de novas habilidades e não assumem riscos. O mundo está cada vez mais imprevisível e volátil; porém, se não encontrarmos formas de nos adaptar (voltamos ao Darwin!), aumentaremos significativamente a chance de ficarmos pelo caminho.

MENTALIDADE FIXA. Acreditam que não há espaço para o desenvolvimento de novas habilidades e que há um limite para nossa capacidade de aprendizado.

Aqui, vale uma rápida digressão sobre um estudo transformador desenvolvido pela pesquisadora Carol Dweck, que virou livro (*Mindset: a nova psicologia do sucesso*).

A autora defende que basicamente há dois tipos de mentalidade: a fixa e a de crescimento. Quem trabalha com base na mentalidade fixa assume que talento é loteria genética, e não somente tem receio de testar novas habilidades como também acha o método pouco eficaz, pois nosso sucesso depende, em grande parte, de algo fora do nosso controle.

As pessoas de mentalidade de crescimento, por outro lado, acreditam que habilidades podem ser desenvolvidas por meio de trabalho duro, estratégia e *feedback*. Focam no caminho, na evolução, e não em serem perfeitos ou parecerem inteligentes.

De acordo com Dweck, estes são exemplos de comportamentos de pessoas com mentalidade fixa:

- Quando falham, acreditam que a falha as define, sendo comum dizerem frases como "não nasci para aquilo", "não sou bom/boa nesta área" etc.

- Usam uma lente negativa para interpretar os acontecimentos na sua vida. Por exemplo, se batem o carro e são demitidas no mesmo dia, assumem que essa sequência de eventos significa que nada funciona na sua vida e que não exercem qualquer tipo de controle sobre a sua realidade.

- Escondem e têm vergonha de suas fraquezas. Nunca discutem pontos de melhoria, pois acreditam que as fraquezas definem sua personalidade e são imutáveis.

Por outro lado, pessoas com mentalidade de crescimento exibem este tipo de comportamento:

- Creem que qualquer aspecto da sua identidade e personalidade pode ser alterado ou melhorado.

- Crescem quando diante de um desafio, pois sabem que ele é parte natural de qualquer processo de aprendizado.

- Enxergam falhas como uma oportunidade de evolução.

Infelizmente, vivemos numa era de "culto ao talento" e de pouca paciência para aguardar resultados que somente aparecem em médio ou longo prazo.

A maioria quer obter resultados imediatos com o menor esforço possível, porém resultados duradouros e sustentáveis demandam tempo. Dweck cita como um dos exemplos o compositor Wolfgang Amadeus Mozart, que levou dez anos para escrever algo memorável.

Por esses motivos, principalmente em mercados que, como o jurídico, estão vivendo mudanças rápidas e disruptivas, nunca foi tão essencial quanto agora para o advogado moderno se familiarizar com esse conceito de mentalidade de crescimento e praticá-lo em seu dia a dia.

GERAÇÃO DE DADOS VS. TOMADA DE DECISÃO. O que não se mede, não se gerencia. Durante muito tempo, o mercado jurídico se movimentou muito mais guiado por um efeito de manada do que necessariamente em linha com as características e os números de seu próprio escritório. Entretanto, nesse novo contexto de mercado, isso não será mais suficiente. A geração de dados como suporte para a tomada de decisão se tornará cada vez mais presente dentro das organizações, para evitar o subjetivismo que por vezes permeia decisões estratégicas, que, fatalmente, resultam em brigas de egos e "achismos".

Por ocasião da entrada em vigor da Lei Anticorrupção, tive a oportunidade de participar de um evento sobre *compliance* anticorrupção. Em um dos painéis, estavam os líderes nesse ramo de duas grandes empresas multinacionais, uma advogada e um engenheiro. Em certo momento das discussões, a advogada perguntou ao engenheiro: "Quanto tempo vocês levam para responder demandas de *compliance* dentro de sua organização?". Então ele perguntou a razão pela qual ela gostaria de medir esse tempo, e ela respondeu que esse tipo de medição era uma demanda da sua matriz. O engenheiro, então, apresentou a seguinte provocação: "Com base nessa lógica, posso entrar num hospital hoje e dizer que a temperatura média dos pacientes está normal, porém não levo em consideração que alguns estão mortos e outros estão queimando de febre?".

O principal ponto não é medir simplesmente por medir. É refletir sobre o que medir, como medir e por que medir. Caso contrário, você só está ocupando a memória do seu servidor.

FALTA DE LIDERANÇA PELO EXEMPLO. É incrível como poucas organizações tomam o cuidado de efetivamente preparar seus líderes! Na faculdade de Direito, tivemos quantas aulas sobre liderança? A resposta normalmente é zero. Ao assumir uma mentalidade de crescimento, passamos a acreditar que qualquer habilidade é treinável, e a liderança não é uma exceção à regra. Empatia, escuta ativa e comunicação de mão dupla são essenciais para a formação de um bom líder, mas raramente são ensinadas na jornada acadêmica de um futuro advogado. Basicamente, focamos única e exclusivamente no *hard skill* e torcemos para que o resto se resolva sozinho – o que geralmente não acontece.

O SUCESSO COMO ARMADILHA. De todos os pontos indicados no artigo de Gino e Staats, este é um dos que mais se relacionam com o momento atual do mercado jurídico. Diversos escritórios tiveram muito sucesso até agora de modo muito parecido. A solução é descartar completamente o passado? De maneira alguma! É apenas ter a consciência de que o que fazíamos não será mais suficiente. O sucesso de ontem não é o sucesso de amanhã. E voltamos ao Darwin: sobrevivência dos mais fortes ou daqueles que melhor se adaptam?

Desafiando o *status quo*

No artigo *"How to invent the future"* ["Como inventar o futuro"], publicado na Harvard Business Review, Nilofer Merchant (2014) menciona um experimento conduzido na década de 1960 que é uma ótima representação do comportamento do mercado jurídico nos últimos anos.

No estudo, os pesquisadores colocaram cinco macacos dentro de uma jaula, com uma escada que levava a uma cesta com bananas. Porém, toda vez que um macaco subia para pegar as bananas, uma mangueira de água molhava os demais macacos. E, ao longo do tempo, nenhum macaco deixava outro subir a escada, temendo que a mangueira fosse novamente acionada.

Os pesquisadores então substituíram um dos macacos. Esse novo macaco imediatamente tentou subir a escada e logo foi impedido pelos demais macacos, que já sabiam o que aconteceria se aquele novo macaco subisse as escadas.

Os macacos foram sendo substituídos ao longo do experimento até que o último dos cinco macacos originais foi substituído e, quando este quinto novo macaco tentou subir as escadas, os demais imediatamente o impediram. No entanto, nenhum daqueles macacos tinha visto a mangueira de água ainda.

Soa familiar? Quantos hábitos repetimos nas nossas vidas por mero efeito de manada, sem questionar a razão pela qual estamos agindo de tal maneira?

Se quiser vender valor no mercado jurídico, será fundamental desafiar o *status quo* dos clientes. Mas, antes disso, é necessário desafiar o seu próprio:

- Como seu escritório está gerando valor real para seus clientes?
- Quais atividades estão efetivamente gerando impacto positivo para o escritório e seus clientes? Quais devem ser descartadas?

- Quais são os pontos fracos e os pontos fortes do escritório?
- Quais são a cultura e a identidade do escritório?

Essa lista certamente não é exaustiva, porém ela representa um ponto de partida para que você faça provocações positivas sobre sua própria realidade e o rumo que quer dar a seu escritório.

COMPROMISSOS PESSOAIS

Um dos pontos que mais me marcaram nos últimos anos é que ideias não valem nada sem execução. Metas que não sigam algum nível de estrutura – particularmente, recomendo o método Smart, indicado no Capítulo 8 – não são metas, são devaneios.

Por essa razão e bebendo da fonte do meu amigo José Ricardo Noronha, autor do livro *Vendas: como eu faço?* e que carinhosamente escreveu o prefácio deste livro, ao final de cada capítulo gostaria que você anotasse algum compromisso pessoal que assumirá, com base na sua leitura.

Normalmente, recomendo que os compromissos sejam divididos em três categorias, que farão parte do final de cada capítulo deste livro:

1. O que você vai parar de fazer e por quê.
2. O que você precisa manter/melhorar e como.
3. O que você nunca fez antes.

Parar

**Manter/
Melhorar**

Nunca foi feito

CAPÍTULO 2

O ciclo de relacionamento com clientes e as suas fases

"Argumente como se estivesse certo, ouça como se estivesse errado."

Karl Weick

Este capítulo certamente será um território novo para advogados: para vender valor no novo mercado jurídico, os advogados precisam saber justamente vender.

Claro que não estou me referindo ao modelo comercial americano, até mesmo proibido pelas diretrizes estabelecidas pela Ordem dos Advogados do Brasil (OAB), mas a como aplicar disciplina, foco, execução e técnica ao ciclo de relacionamento com clientes, cujas fases serão apresentadas a seguir.

Vender valor em vez de preço é possível, mas não é fácil. E tem mais a ver com uma visão comercial estratégica altamente orientada para a execução do que com talento.

Em linhas gerais, o ciclo de relacionamento com clientes pode ser dividido em seis grandes fases:

Planejamento e preparação

Prospecção

Levantamento de necessidades

Negociação

Fechamento

Atendimento

AS SEIS FASES

1. Planejamento e preparação. De acordo com o princípio de Pareto (ou regra 80/20), 20% de suas atividades representam 80% de seu resultado. E essa é a fase que representa 80% do sucesso de um ciclo de relacionamento com clientes, mas que normalmente é negligenciada. Pare e pense um pouco: Qual é o perfil de cliente ideal para você? Será que são todos? Nesse momento, o objetivo é estabelecer uma estrutura para priorização de clientes e definição do perfil que mais se encaixa com o de sua organização. A intenção não é definir certo e errado, mas uma convergência de princípios, valores e propósito.

2. Prospecção. Como estabelecer uma comunicação clara, empática e impactante com os clientes? Como fazer para tangibilizar melhor uma proposta de valor?

3. Levantamento de necessidades. Como liderar um diálogo de mão dupla com os clientes, efetivamente agregando valor ao negócio (sem blá-blá-blá), liderar uma conversa baseada nos desafios e objetivos dos clientes?

4. Negociação. Advogados normalmente negociam muito bem em favor dos seus clientes, mas têm muita dificuldade em negociar com seus próprios clientes. Como lidar com objeções? Como estabelecer relações de ganha-ganha e de longo prazo com os clientes?

5. Fechamento. Quais são as principais armadilhas no momento do fechamento de um novo contrato?

6. Atendimento. Esta fase, na realidade, é o início do relacionamento com o cliente. Como tornar o atendimento de excelência um diferencial competitivo do seu escritório?

Num primeiro momento, é muita informação, e logo surge a pergunta: Preciso mesmo focar em todas as fases para me destacar no mundo jurídico?

A resposta é bem direta: se você quiser ter uma performance mediana, não, foque em apenas algumas fases; agora, se você quiser ser extraordinário no que faz, dê um show de execução em cada uma das fases!

COMPROMISSOS PESSOAIS

Parar

Manter/ Melhorar

Nunca foi feito

CAPÍTULO 3
Planejamento e preparação

"A falha na preparação é a preparação para a falha."

Benjamim Franklin

Considerando uma carteira de clientes, qual é o melhor lugar para se estar na matriz abaixo? E o pior?

2	1
3	4

Lucro econômico (eixo vertical) / Crescimento de receita (eixo horizontal)

O melhor lugar é o quadrante 1, com um crescimento de receita com alta rentabilidade, sem a menor sombra de dúvida. E o pior? Rapidamente, somos levados à conclusão de que é o quadrante 3, receita baixa com pouca rentabilidade. Na realidade, o pior lugar para se estar nessa matriz é o quadrante 4, ou seja, uma receita alta com rentabilidade baixa.

Via de regra, investimos boa parte das nossas horas para atender clientes com faturamento alto, porém, se esse investimento não se reflete em rentabilidade, do ponto de vista da gestão do tempo e da saúde financeira do escritório, é um pesadelo!

Por essa razão, nem todas as empresas/pessoas necessariamente representam o nosso perfil de cliente ideal, e esse tipo de análise é fundamental para o planejamento estratégico de um escritório.

Mas como definir esse perfil?

PERFIL DE CLIENTE IDEAL

Infelizmente, não há uma regra de ouro ou receita pronta para a definição do perfil de cliente ideal de um escritório. Entretanto, isso não significa que não há uma estrutura que possa ser seguida.

Comece identificando quem são seus melhores clientes (não necessariamente os principais). Estabeleça critérios quantitativos e qualitativos para avaliar a relação (faturamento, rentabilidade, facilidade na execução dos trabalhos, relacionamento etc.).

Após esse primeiro filtro, analise esses clientes específicos considerando os seguintes aspectos:

1. Quais são as suas características? (Tamanho, localização, processo de compra, estrutura etc.)
2. Quais são os grandes desafios e problemas que você tem ajudado o cliente a resolver?
3. Quais são os benefícios reais que esse cliente enxerga na parceria?

O próximo passo é estabelecer quais são as principais características do perfil de cliente ideal do escritório e passar a utilizá-las no início de cada ciclo.

Isso não significa que você não atenderá quem não se encaixar no perfil, mas que investirá mais esforços (leia-se: tempo) naquelas parcerias que efetivamente tragam valor real para todas as partes.

Há diversas reflexões que podem ser feitas nesta fase do ciclo, como:

Este é um potencial cliente que:

1. Efetivamente se alinha com nossos objetivos e valores?
2. Pode se beneficiar e extrair valor de outras competências nossas?
3. Pode gerar valor sustentável para o nosso escritório em médio e longo prazo?

Quando abordamos o tema "venda de valor", dificilmente haverá uma "bala de prata" ou uma regra que sirva para todas as situações; entretanto, quando começamos a incluir uma melhor estrutura para nosso planejamento, há mais consciência na tomada de decisão.

Agora, com o perfil de cliente ideal em mãos, o que fazer?

Vamos analisar a mina de ouro inexplorada dentro do seu escritório: seus atuais clientes!

O IMPACTO DA CONFIANÇA NO CICLO DE RELACIONAMENTO COM CLIENTES

Responda rápido: Qual ciclo é mais longo: o do novo cliente ou o de um cliente existente? Via de regra é o do novo cliente e há uma razão muito clara para isso.

No seu livro *The speed of trust* ["A velocidade da confiança"], Stephen M. R. Covey nos brinda com uma excelente análise do impacto da confiança nas relações:

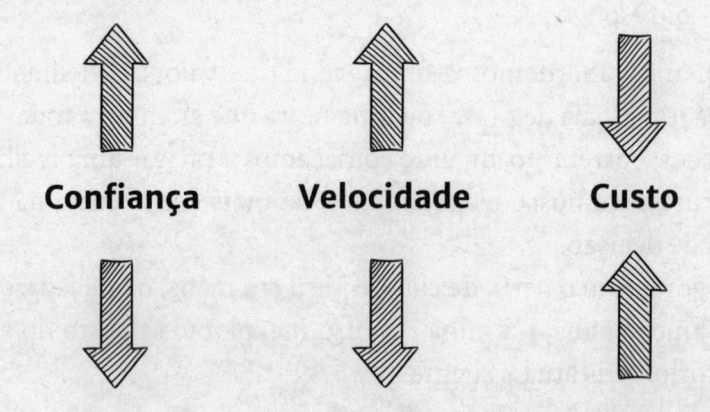

| Confiança ⇅ | Velocidade ⇅ | Custo ⇅ |

Ou seja, quando a confiança é alta, a velocidade dos negócios aumenta e os custos caem. No polo inverso, quanto menor for a confiança, menor a velocidade e maiores são os custos daquela transação.

Por essa razão, o ciclo com um cliente existente normalmente é menor do que com alguém que ainda não trabalhou conosco. O cliente satisfeito já passou pela fase inicial da desconfiança e tem uma base de dados para aferir a qualidade dos nossos serviços. Com esse tipo de cliente, por vezes, basta uma ligação para fechar um projeto relevante.

No mundo das vendas, há um KPI (*key performance indicator* ou indicador-chave de performance) extremamente relevante, que corrobora com essa tese: o custo de aquisição de cliente (CAC).

Esse custo pode ser medido com base no nosso investimento de tempo e dinheiro para a captação de uma conta. Eventos, reuniões, telefonemas etc., tudo deve ser medido para verificarmos nosso investimento real naquele ciclo.

E voltamos para um ponto crucial do Capítulo 1: o que você não mede você não gerencia. Como podemos ter uma melhor gestão de tempo e priorização da nossa carteira, se estamos navegando no escuro?

PRIORIZAÇÃO DE CLIENTES

Ao discutirmos o tema priorização de clientes, precisamos partir da premissa de que clientes existentes (e satisfeitos!) confiam mais no nosso trabalho, resultando, consequentemente, num CAC menor. Assim, qualquer estrutura de priorização de clientes deve iniciar com esses clientes!

Uma forma direta e simples de iniciar esse trabalho de priorização é classificar seus principais clientes como no esquema abaixo, levando em consideração que o termo "adoção" representa quanto esse cliente já investe com o escritório, e o termo "potencial" representa o potencial adicional de compra de determinado cliente.

	Potencial Baixo	Potencial Alto
Adoção Alto	Incentivo	Blindagem
Adoção Baixo	Avaliação	Conquista

Incentivo. Esse tipo de cliente é extremamente relevante, mas muitas vezes negligenciado. Você já estabeleceu uma parceria que envolve as principais competências e pontos fortes do escritório e há pouco espaço para crescimento. Para esse tipo de cliente, a recomendação é estabelecer uma estratégia de atendimento visando ao constante aprimoramento, a fim de evitar que um belo dia esse cliente vá embora, sem qualquer motivo aparente.

Blindagem. A recomendação para os clientes desse quadrante é usar o "tanque de reserva" para dar um show de atendimento e constantemente buscar informações e *insights* que possam contribuir para a expansão da parceria (veja o Capítulo 5, sobre como liderar uma conversa de mão dupla, com valor real para o cliente).

Conquista. Garanto que na maioria dos escritórios boa parte dos clientes existentes estará nesse quadrante. Pouquíssimos escritórios lideram conversas trazendo opções que geram benefícios mútuos para as partes. Ganho de escala, padronização/uniformização de relatórios/procedimentos e redução do número de interlocutores são assuntos que raramente fazem parte das conversas e das interações com os clientes. E a culpa é de quem?

Avaliação. Essa parceria não está boa. Provavelmente para os dois lados. A sugestão é pensar em uma nova estrutura que traga ganhos mútuos ou avaliar com o cliente se a melhor alternativa é cada um seguir seu caminho. Esse tipo de relação, além de consumir recursos e tempo, em diversas ocasiões é tóxico para as partes.

Esse tipo de análise deve ser realizado por dois prismas: por área e considerando o escritório como um todo, porque a análise de adoção/potencial de uma área pode não refletir a análise das demais.

O importante nesse momento é considerar dois poderosos conceitos em vendas: *up-selling* e *cross-selling*.

O primeiro significa vender mais do mesmo (ampliar a atuação, por exemplo, do contencioso cível), e o segundo significa vender outras áreas do escritório (além do contencioso cível, passar a atender demandas trabalhistas, por exemplo). Esse assunto também será abordado no Capítulo 6, sobre a relevância de um bom fechamento.

Esse conceito é relevante, pois trabalha não somente o CAC, mas também oportunidades de ampliação de parceria, trazendo efetivo valor real para as partes. E lembre-se de que valor = benefícios – custo. Só que a percepção desses benefícios pode variar (e muito!) de cliente para cliente.

Após a elaboração da matriz, crie um plano de ação por cliente (veja como no Capítulo 8) e *voilà*! Você terá estratégias completamente distintas para executar suas próximas ações.

COMPROMISSOS PESSOAIS

Parar

Manter/ Melhorar

Nunca foi feito

CAPÍTULO 4

Prospecção

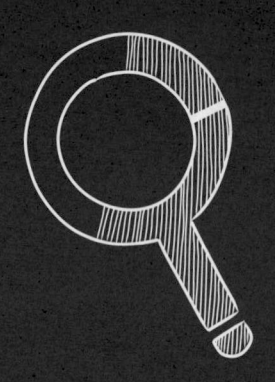

"Saber vender é da
natureza humana."

Daniel Pink

O mundo jurídico está passando por profundas transformações, e com elas surgem diversos novos desafios.

Eis o novo cenário que o advogado já enfrenta no dia a dia:

- Pressão por honorários mais baixos.
- Competidores melhores e mais agressivos.
- Boa parte do mercado passivo/reativo diante das mudanças.
- Crescimento de novos competidores, como empresas de auditoria e *lawtechs*.
- Dificuldade na atração, desenvolvimento e retenção de novos talentos, entre outros desafios.

Diante desse novo cenário, como se destacar nesse mundo de iguais? Precisamos aprender a nos comunicar melhor com o nosso mercado.

COMO MELHORAR NOSSA COMUNICAÇÃO

Por mais contraintuitivo que seja, o grande segredo de uma boa comunicação é ouvir mais e falar menos!

Reflita sobre a rotina do seu cliente, durante reuniões com potenciais parceiros jurídicos:

"Olá, sr._____, meu nome é Bruno, sou sócio do escritório X, formado na Faculdade XPTO, fiz mestrado na Universidade Y, estou nos rankings x, y, z, blá-blá-blá."

A grande maioria dos advogados adota um discurso muito parecido com esse quando está frente a frente com potenciais clientes, o que justifica o intenso movimento de comoditização do mercado.

A realidade é dura, mas os clientes estão menos interessados no nosso histórico acadêmico e mais interessados na nossa capacidade de resolver seus problemas e ajudá-los nos seus desafios.

E a única forma de entender esses desafios e necessidades é ouvir melhor. Ouvir aplicando o conceito de escuta ativa, que envolve estar presente de corpo e alma na conversa, efetivamente prestando atenção enquanto o outro se comunica – incluindo na linguagem corporal! –, e não somente esperando sua vez de falar.

E se ouvir mais passa a ser um diferencial competitivo nos dias de hoje, duas habilidades tornam-se ainda mais importantes: empatia e arte de fazer boas perguntas.

Empatia compreende genuinamente se colocar no lugar do outro. Há uma passagem brilhante no livro *Ferramentas dos titãs*, do autor Tim Ferriss, durante sua conversa com o investidor Chris Sacca, que faz a seguinte provocação: "Como você quer criar algo para alguém se você nem se deu ao trabalho de olhar o mundo através dos seus olhos?". E um ponto nevrálgico nesse caso é que não necessariamente você concordará com tudo que seu interlocutor dirá para você, mas temos que manter nossa capacidade de efetivamente entendê-lo.

Fazer boas perguntas envolve buscar melhores respostas. Somente chegarei ao pleno entendimento das necessidades consideradas e não consideradas dos meus clientes (ver Capítulo 5, sobre "Levantamento de necessidades") quando fizer uma boa preparação e refletir sobre as perguntas que tenho que fazer durante aquele encontro.

Que tipo de pergunta devo fazer que o levará a revelar essas necessidades, que, por sua vez, conectam com os meus pontos fortes?

Se o grande objetivo ao longo de um ciclo é construir parcerias de longo prazo e altamente voltadas para o ganha-ganha, somente posso oferecer algo que efetivamente saiba fazer. Parece óbvio, mas quantos escritórios caem na tentação do posicionamento "sabemos fazer tudo", quando sabem que não é verdade. Credibilidade é algo que leva anos para ser construído e minutos para ser destruído. Cuide muito bem da sua.

FORMAS DE PROSPECÇÃO E MARKETING DE CONTEÚDO

Há diversas formas de prospecção. As mais relevantes são:

- *networking* e recomendações;
- encontros presenciais;
- marketing de conteúdo;
- participação em eventos;
- organização de eventos próprios.

É inacreditável como o mercado jurídico, apesar de ser altamente dependente de recomendações (pois vivemos na era da desconfiança!), não explora esse ativo da maneira correta.

Se um cliente está satisfeito com nossos serviços, ele não está mais inclinado a nos recomendar? Então qual é o problema em ativamente pedir esse tipo de recomendação? Vergonha? Mentalidade fixa?

Se um ciclo é um processo disciplinado, pedir recomendação deve fazer parte do dia a dia do novo advogado. Quantos produtos/serviços recomendamos por livre e espontânea vontade?

Para que este vire um pilar na sua organização, recomendo fortemente a utilização de uma plataforma de CRM (*customer relationship manager*, ou gestão de relacionamento com o cliente) para documentar e organizar todas as informações colhidas ao longo de um ciclo. Esse é um ponto tão relevante que dediquei uma seção específica somente para ele neste capítulo.

E é claro que, nesse contexto, entra o *networking*, que, por definição, deve envolver dar algo de valor para receber algo de valor.

Networking é uma rede de relacionamentos não somente com clientes, mas com parceiros, colegas, associações, entidades etc., visando à troca de informações, indicações, realização de negócios e formação de uma cadeia que possa gerar efetivo valor para todos os que fazem parte dele, e não somente para você.

No livro do meu amigo José Ricardo Noronha *Vendas: como eu faço?*, ele lista os dez principais erros cometidos na tentativa de construir uma boa rede de relacionamento:

1. Falar de você o tempo todo.
2. Querer receber algo antes de dar.
3. Ficar feliz só porque vê o número de conexões aumentar (qualidade *vs.* quantidade).
4. Participar ativamente de inúmeros eventos sociais.
5. Distribuir cartões indiscriminadamente.
6. Só procurar os contatos quando estiver em busca de emprego.
7. Perder o interesse se a pessoa não puder ajudá-lo.
8. Deixar de fazer *follow-up* com suas conexões.
9. Confiar excessivamente nas redes sociais e ficar obcecado pelos *likes*.
10. Conectar-se com títulos (diretor, gerente etc.) em vez de se conectar com as pessoas.

Nesse contexto, a fim de criar uma robusta rede de relacionamento, também é importante incrementar suas atividades relacionadas a marketing de conteúdo e ao seu posicionamento como autoridade em determinado assunto.

Uma provocação constante em todas as suas comunicações e seus eventos deve ser: Qual é o meu objetivo com esse artigo ou evento (o que os americanos chamam de *call to action*)? Que tipo de informação quero transmitir e como ela desafia alguma zona de conforto ou incentiva novas ações por parte do meu público-alvo?

Outro ponto relevante para considerar durante o planejamento da sua estratégia de marketing de conteúdo: periodicidade das comunicações.

Não adianta publicar algo "de vez em nunca" e considerar que o trabalho está feito. Esse tipo de marketing exige "barriga no balcão" e a geração constante de valor para seus leitores.

E, nessa linha, quem são os seus leitores? Somente advogados? Muitas vezes não, mas ainda vejo artigos que parecem uma tese de mestrado, com uma linguagem que mais afasta os leitores do que os aproxima.

Tenha uma visão estratégica das suas formas de prospecção para garantir maior assertividade ao longo do seu ciclo.

CRM – *Customer relationship management*

Agora que você já entende que relacionamento com clientes é um processo e envolve um ciclo, com ações específicas para cada fase, chegou a hora de se familiarizar com o conceito de "funil de vendas".

Um funil de vendas nada mais é do que a representação gráfica de um ciclo de relacionamento com clientes até o fechamento, e pode ser representado de diversas maneiras, a depender da área de atuação. Veja:

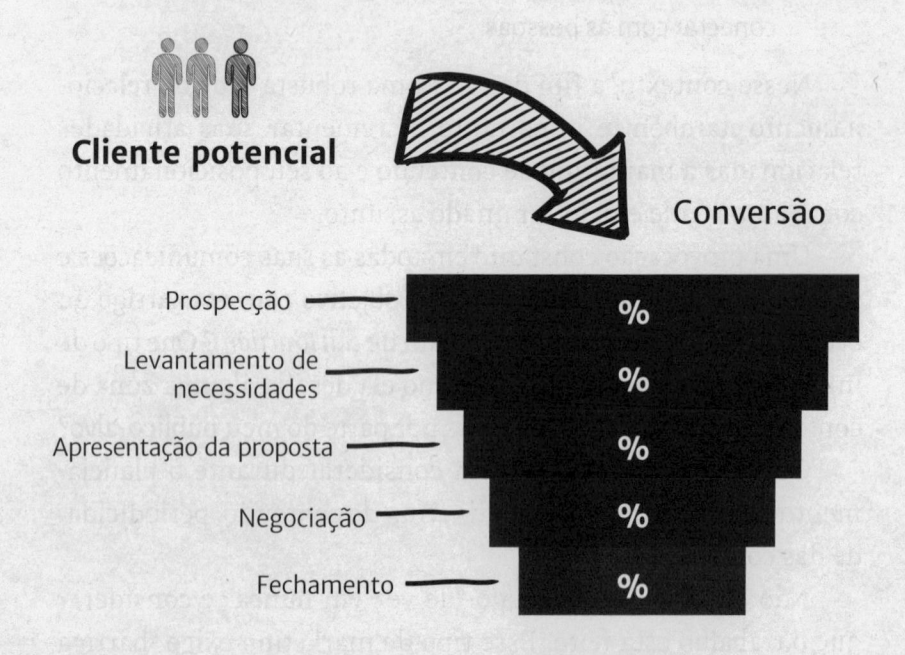

Cliente potencial

Conversão

Prospecção	%
Levantamento de necessidades	%
Apresentação da proposta	%
Negociação	%
Fechamento	%

A probabilidade de êxito da venda aumenta a cada fase do ciclo, pois certamente um cliente com quem já estamos negociando tem maior probabilidade de fechar do aquele que ainda é apenas um cliente potencial.

Uma plataforma de CRM automatiza e auxilia na gestão do funil e, consequentemente, do ciclo. Ela te permite incluir informações sobre cada interação (física ou *on-line*) com seus clientes potenciais e existentes, incluindo valores de propostas, negociações etc. Essa ferramenta permite um ótimo nível de customie zação e uniformização do ciclo, cada vez mais necessárias nesse ambiente comoditizado.

Imagine que você já tenha se reunido com um potencial cliente e, meses depois, sua sócia tem a oportunidade de se reunir com esse mesmo cliente. Mas vocês não se falam antes da nova reunião e ela acaba fazendo as mesmas perguntas para o cliente ou, pior, contradiz diversas posições discutidas na primeira reunião. Desastroso, não?

Se o escritório utilizasse uma plataforma de CRM, bastaria a sócia digitar o nome desse potencial cliente no sistema para descobrir todas as interações ocorridas e informações enviadas, para fazer um bom uso do tempo do cliente (nossa fonte não renovável de energia) e garantir uma continuação e uniformidade nas conversas. E a beleza disso é que os dois sócios nem precisariam conversar para isso acontecer: já está tudo registrado no sistema!

Diversas pessoas me perguntam qual é a melhor plataforma de CRM e a minha resposta é simples: a que melhor se adéqua ao perfil do seu escritório. Particularmente (e não ganho um centavo para fazer essa recomendação!), utilizo o Pipedrive (www.pipedrive.com), por causa da sua interface, que é extremamente simples. Diversas organizações usam o Salesforce (www.salesforce.com) e há novas plataformas surgindo constantemente.

A dica é: em vez de ficar gastando muito tempo refletindo sobre qual plataforma utilizar, escolha um grupo menor do seu escritório, altamente disciplinado e faça um teste. Assim o investimento inicial não será considerável e haverá espaço para mudanças sem grandes traumas ou perdas. O pior cenário é não utilizar uma plataforma.

COMPROMISSOS PESSOAIS

Parar

Manter/Melhorar

Nunca foi feito

CAPÍTULO 5

Levantamento de necessidades

"Não é o que você não sabe que vai colocá-lo em apuros. É o que você tem certeza que não vai."

Mark Twain

Você já parou para pensar quanto um potencial cliente pagaria para se reunir com você? E se as pessoas tivessem que comprar um ingresso para uma conversa, você agiria diferente?

Se a resposta for sim, saiba que esses clientes já estão pagando um ingresso para a conversa, pois estão investindo seu ativo mais valioso nela: tempo.

Em pesquisa desenvolvida pelo Corporate Executive Board (CEB) e divulgada no livro *A venda desafiadora*, 53% do processo de tomada de decisão de compra e do processo de construção da lealdade dos clientes em vendas de alta performance (leia-se: valores elevados e soluções complexas) foi influenciada pela experiência de venda.

Empresa e impacto da marca	Produto e entrega (*delivery*)	Proporção valor/preço	Experiência de venda
19%	19%	9%	53%

Fonte: Adamson e Dixon (2013).

No novo livro *The effortless experience* (ainda sem tradução para o português), os autores Matthew Dixon, Nick Toman e Rick DeLisi detalham quais ações são tidas como valiosas por esse tipo de cliente no contexto da experiência de venda: oferecer perspectivas únicas e valiosas (*insights*), guiar o cliente por diferentes alternativas, ajudar o cliente a evitar potenciais armadilhas, educar o cliente em novos pontos e potenciais novos resultados, facilitar o processo de compra pelo cliente e contar com apoiadores/mobilizadores dentro da organização.

Outro dado alarmante é que, em média, somente 17% do tempo do ciclo de tomada de decisão de clientes em vendas de alta performance é dedicado para reuniões com fornecedores. Em processos de compra com três fornecedores, por exemplo, temos aproximadamente 5% da atenção desse potencial cliente.

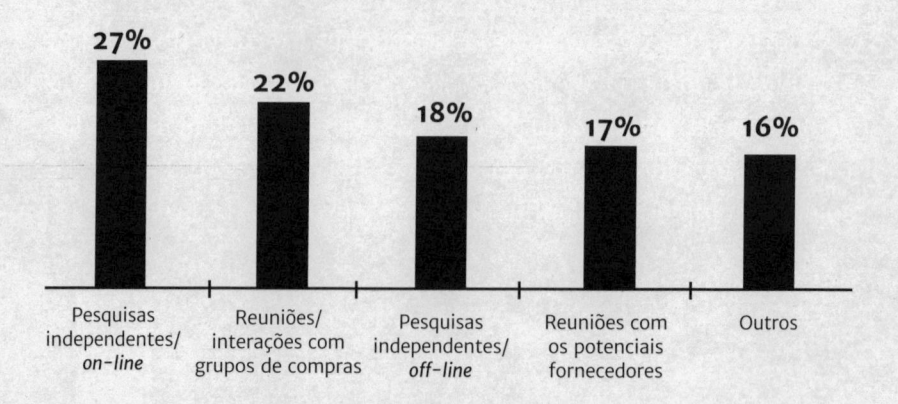

27%	22%	18%	17%	16%
Pesquisas independentes/ *on-line*	Reuniões/ interações com grupos de compras	Pesquisas independentes/ *off-line*	Reuniões com os potenciais fornecedores	Outros

Fonte: CEB (2017), Digital B2B Buyer Survey.

Ao considerarmos nosso próprio comportamento ao consumirmos produtos e serviços pessoais, esse dado faz ainda mais sentido: cada vez menos queremos interagir com nossos fornecedores!

Diante desse cenário, não será o melhor que ganha, mas aquele mais bem preparado e que oferecer as melhores experiências de compra aos seus clientes. Um clássico exemplo disso é o Starbucks: eles têm o melhor café do mundo? É ao menos questionável, certo?

E para oferecer melhores experiências, é preciso entender as necessidades consideradas e não consideradas dos nossos clientes.

Das principais metodologias atualmente utilizadas no mundo das vendas de alta performance, vale destacar três:

1. *Spin selling*
2. Venda desafiadora
3. *Insight selling*

E todas elas serão analisadas nesta fase de levantamento de necessidades.

CONEXÃO

Espero que já tenha ficado claro que ao longo de um bom ciclo temos que falar menos sobre nossas características e competências e mais sobre os desafios e os objetivos de nossos clientes. Entretanto, fica a dúvida: nunca falaremos sobre nós?

Na realidade, nos qualificamos por meio de nossas perguntas. Nos qualificamos também por meio de casos (*storytelling*!) semelhantes ao que o cliente está enfrentando. Mas sempre, sempre, sempre estamos conectados com o que é relevante para ele.

A metodologia *Spin selling* foi criada na década de 1980 por Neil Rackham e representou uma mudança significativa para o mundo das vendas consultivas.

Ela é baseada em uma estrutura de perguntas divididas em quatro categorias:

1. Situação
2. Problema
3. Implicação
4. Necessidade de solução

O racional da metodologia está em se conectar com os desafios e as necessidades enfrentadas pelo cliente para descobrir o que ele já identificou como ponto de melhoria ou inovação.

Por mais que não exista uma receita, eis um exemplo de um roteiro de perguntas baseado nessa metodologia:

S‍ITUAÇÃO. Com quantos escritórios vocês trabalham atualmente na área x?

PROBLEMA. Há algo que lhe causa preocupação ou algum ponto que você gostaria de melhorar na gestão dessa área?

Implicação. Como esse problema está afetando seu negócio? E qual seria, na sua visão, o impacto positivo de uma mudança?

Necessidade de solução. E se... (falar sobre uma proposta de solução)?

Note que em momento algum há uma efetiva inovação ou *insight* ao longo do processo, mas apenas a utilização de um bom repertório de perguntas para descobrir as necessidades já consideradas pelo cliente. Saber equilibrar perguntas abertas (gerais) com perguntas fechadas (específicas) é essencial para desenvolver um diálogo de mão dupla fluido.

E tome cuidado, pois há uma linha tênue entre ser interessado e ser um chato! As perguntas devem ter um objetivo/roteiro muito claro, e nunca podemos perguntar algo que poderia ter sido descoberto em pesquisas independentes, pois isso reflete falta de preparação e profissionalismo.

No mundo das vendas de alta performance, há uma recente tendência em descartar o *Spin selling* por completo, sob o argumento de que ele não diferencia o fornecedor dos demais, já que qualquer um pode descobrir as necessidades já consideradas pelos clientes.

Concordo e discordo. Entendo que sim, qualquer um pode descobrir, mas tenho dúvida sobre quantos escritórios estão efetivamente investindo o tempo e a preparação necessários para a criação de um roteiro de perguntas que se conecte com esses pontos. E se empatia é algo cada vez mais relevante e escasso nesse novo cenário, há uma maior probabilidade de criar uma conexão com seu interlocutor ao demonstrar pleno entendimento de seus desafios e suas necessidades.

No entanto, infelizmente, isso é apenas parte do caminho para alcançarmos algum nível de diferenciação.

DIFERENCIAÇÃO

Ao nos conectarmos com as necessidades consideradas de nossos clientes, estamos caminhando bem nessa fase do ciclo. Agora, para alcançar um nível maior de diferenciação, precisamos conectar com as necessidades não consideradas por nossos clientes. Aquilo que eles ainda nem sabem que precisam, para não só ganharmos o direito de sermos ouvidos, mas também para chegarmos no momento "não-tinha-pensado-nisso-antes".

Uma das melhores metodologias no universo das vendas de alta performance foi apresentada no livro *A venda desafiadora*, já mencionado.

Os autores analisaram o comportamento de diversos vendedores de alta performance e chegaram à conclusão de que o perfil de vendedor com melhores resultados nesse tipo de venda é o desafiador.

E, ao codificar a atuação desse tipo de vendedor, a metodologia criou três pilares que, para facilitar a memorização, dividi no acrônimo **EPA** – **e**ducar, **p**ersonalizar e **a**ssumir o controle da venda –, conforme segue:

EDUCAR. Compartilhar *insights* relevantes aos desafios enfrentados pelo cliente e promover diálogos de mão dupla. Desafiá-lo a sair da zona de conforto. A ideia do "desafio" não significa ser agressivo com o cliente, mas ajudá-lo a repensar seu negócio. Cuidado para não bombardear o cliente com perguntas, e lembre-se de se certificar de que tem pleno entendimento dos desafios e dos objetivos do cliente antes de propor mudanças.

PERSONALIZAR. Entenda qual é a percepção de valor não somente da organização, mas de seus interlocutores ao longo do ciclo. Numa mesma organização, áreas distintas podem ter percepções diferentes, mesmo estando debaixo do mesmo telhado. Para garantir o sucesso dessa personalização, é necessário demonstrar um alto grau de conhecimento sobre o mercado, a indústria e a empresa do cliente. Lembre-se de corroborar suas sugestões com informações e dados para evitar o subjetivismo, que deverão ser apresentados de maneira simples e objetiva.

ASSUMIR O CONTROLE. É curioso que boa parte das vezes estamos extremamente confortáveis em falar de dinheiro quando estamos lidando com assuntos/ações de nossos clientes, mas há uma enorme dificuldade em discutir uma proposta de honorários. Parece que o advogado desenvolve uma atividade tão nobre que é praticamente sacrilégio ser remunerado por isso! Voltamos à espinha dorsal deste livro: estabelecer parcerias de longo prazo com nossos clientes, altamente voltadas para o ganha-ganha. Quando as duas partes ganham com a parceria, isso solidifica e pereniza a relação. Ao assumir o controle da venda, a ideia é focar o discurso no valor real a ser gerado para o cliente e, antecipar-se às principais objeções que, eventualmente, podem ser levantadas durante as conversas e desenvolver opções que tragam benefícios mútuos. Note que escolhi cuidadosamente as palavras para descrever esse pilar. Tudo, repito!, tudo desenvolvido ao longo da preparação para essa fase deve ser orientado para trazer benefícios para os dois lados. O que significa que, se a balança desequilibrar, você pode sempre decidir, de maneira muito educada, descontinuar as conversas. Quantas vezes fechamos propostas com um gosto amargo na boca, para depois nos revoltarmos com um problema que nós mesmos criamos.

Advogados precisam aprender a guiar e ajudar o cliente ao longo do ciclo e tangibilizar o valor real que esperam trazer para o cliente, sem blá-blá-blá.

Uma extensão da venda desafiadora é a metodologia *insight selling*, que foca num pilar específico da venda desafiadora: educar. Esse pilar certamente é um dos mais difíceis do método, pois envolve muito *brainstorming* e profundas reflexões. Uma brilhante forma de apresentar um *insight* é estruturá-lo com base na seguinte linha de raciocínio:

DESAFIOS. Quais são os atuais desafios enfrentados pelo cliente/setor e quais *insights* podem trazer algum benefício para ele?

AÇÕES. Quais medidas serão tomadas para implementar a solução?

IMPACTO. Quais são os impactos/resultados esperados com essas medidas?

Comece a utilizar as três metodologias para liderar melhores diálogos com seus clientes existentes e potenciais, para efetivamente buscar uma diferenciação nesse mercado de iguais!

ERROS MAIS COMUNS

Durante esse período treinando diversos escritórios de pequeno, médio e grande porte, entre eles parte dos principais escritórios do país, notei que alguns erros se repetem durante o caminho de mudança de mentalidade e transformação desses novos conceitos em execução.

Esses pontos, de uma forma ou de outra, também são mencionados ao final do livro *Insight selling*:

Tática *vs.* construção. Os conceitos e as técnicas compartilhadas ao longo deste livro não são uma "tática para tirar mais dinheiro dos clientes", mas uma estrutura de atuação que privilegia a construção de relações e parcerias de longo prazo. Ao falarmos sobre desafiar o cliente e seu *status quo*, não significa que você deve contrapor tudo que o cliente lhe diz sem qualquer critério ou oferecer *insights* pouco aderentes à realidade dele. Essas novas técnicas exigem disciplina, foco, treinamento, execução e, acima de tudo, como qualquer nova habilidade, tempo. Na dúvida, menos é mais.

Arrogância. MUITO cuidado! Não sei se vocês sabem, mas esta é uma constante reclamação do mundo corporativo: advogados são arrogantes. Particularmente, gostaria de discordar por completo dessa afirmação, porém, se tivermos uma autocrítica aguçada, perceberemos que ela tem seu fundo de verdade. Temos que respeitar o trabalho que está sendo desenvolvido atualmente pelo cliente e nossa agenda deve ser propositiva. Se não achamos que, num dado momento, há algo de valor para contribuir, não há problema: a visão é de longo prazo.

FALTA DE TREINAMENTO E *FEEDBACK* DA EQUIPE. Escritórios precisam entender que essas novas habilidades exigem treinamento. Não só um evento isolado, mas um programa estruturado de treinamento, voltado para o fomento de uma cultura de aprendizagem contínua. Por essa razão, na minha empresa trabalhamos em três grandes pilares: treinamentos presenciais, consultoria de execução e ensino a distância. Nos dias de hoje, não há mais desculpa para não treinar. Entretanto, além dos treinamentos, os líderes precisam acompanhar seus liderados e criar uma rotina constante de *feedback*. Esse *feedback* deve estar sempre orientado ao reforço da mentalidade de crescimento e a buscar efetivamente ouvir e ajudar os liderados, criando um ambiente mais seguro para cada um desenvolver seus pontos fortes. *Feedback* não pode ser baseado apenas em intuição e, como tudo que discutimos até agora, exige disciplina, foco e execução. Magicamente, o engajamento das equipes está intimamente relacionado ao nível de atenção que investimos nelas.

FALTA DE FERRAMENTAS. Vale investir na criação de uma espinha dorsal de todas essas novas técnicas e habilidades. Documentar o que está funcionando, o que não funcionou e por quê. O mantra deve ser: se alguém novo entrar na equipe, quão rápido ele estará pronto para refletir nossos princípios e valores durante o desenvolvimento do seu trabalho?

COMPROMISSOS PESSOAIS

Parar	
Manter/ Melhorar	
Nunca foi feito	

CAPÍTULO 6

Negociação e fechamento

"Busque evolução,
não perfeição."

Jim Kwik

Durante a sua palestra no Technology, Entertainment and Design (TED), uma das maiores autoridades em negociação do mundo, William Ury, que também é um dos fundadores do programa de negociação em Harvard, nos brindou com a seguinte história.

Um pai, já viúvo, tinha três filhos e foi acometido por uma doença. Após seu falecimento, os filhos descobriram que ele havia feito um testamento, deixando para eles seus únicos bens: 17 camelos.

No documento, o pai estabeleceu a seguinte divisão:

1º filho = 1/2 dos camelos
2º filho = 1/3 dos camelos
3º filho = 1/9 dos camelos

Tente fazer a divisão. Impossível, certo?

Considerando esse impasse, os filhos procuraram a pessoa mais sábia da região e ela, ao analisar o problema, propôs o seguinte: "Vou ajudá-los. Tenho um camelo sobrando e vou emprestá-lo para vocês fazerem novamente a divisão."

Os filhos estranharam, mas aceitaram a oferta.

Agora com 18 camelos, façamos novamente a divisão:

1º filho = 9 camelos
2º filho = 6 camelos
3º filho = 2 camelos
Total = 17 camelos

Como isso aconteceu?

Alguém analisou a negociação "de cima", de uma forma mais ampla, e por essa razão descobriu novos caminhos para chegar a um acordo.

E esse deveria ser o papel do advogado durante as negociações. Negociar em favor de seu cliente certamente, mas também saber analisar toda a negociação por um terceiro lado, isento, em vez de travar quando diante do primeiro obstáculo.

Estabelecer negociações distributivas, altamente voltadas ao ganha-ganha, deve ser o maior objetivo de todo escritório.

OS CINCO PILARES

Embora outras literaturas apresentem um número maior de pilares, em minha experiência, entendo que, se você dominar estes cinco pilares, estará muito mais bem preparado para o antes, o durante e o depois de uma negociação difícil.

Esses pilares aparecem em diversos textos sobre o tema, mas principalmente no livro *Supere o não – negociando com pessoas difíceis*, escrito pelo premiado autor William Ury.

Como pano de fundo, o grande objetivo dessas técnicas é converter um processo baseado em confronto para um processo distributivo, baseado em um diálogo de mão dupla, a fim de buscar opções que tragam benefícios mútuos, visando ao fechamento de um acordo com o qual as partes estejam minimamente satisfeitas.

O coração de qualquer negociação está no nível de preparação que investimos antes das rodadas se iniciarem. Voltamos à frase de Benjamim Franklin: "A falha na preparação é a preparação para a falha". Se não nos prepararmos para negociações difíceis, as chances de o fechamento não acontecer, ou, pior, de fecharmos um acordo com o qual não estamos satisfeitos é enorme. Nesse contexto, precisamos investir tempo para discutir todos os pilares a seguir, considerando sempre a visão de todas as partes envolvidas. Não basta refletir somente sobre o que queremos, mas também precisamos refletir sobre o que o outro lado quer.

INTERESSES. Descubra os interesses por trás das posições. Posição é o que a outra parte fala; interesse é o que ela realmente quer. E como faço para descobri-los? Em primeiro lugar, discutindo o assunto internamente antes de estar na mesa de negociação, levantando hipóteses sobre o que a parte efetivamente quer. Ao investirmos tempo nesse nível de preparação, começamos a pensar em opções que gerem benefícios para todas as partes e, simultaneamente, se conectem com o que é relevante para cada uma. Outra forma de descobrir os interesses das partes numa negociação é... perguntar! Sim, parece simples demais para ser verdade, mas precisamos pensar em que tipo de perguntas podemos fazer durante as negociações para descobrir o que é relevante para o outro lado. E este ponto é crucial: as perguntas não servem para, por exemplo, tirarmos mais dinheiro do outro lado, mas para desenvolvermos um diálogo.

OPÇÕES. Crie opções que tragam benefícios mútuos. Se ficou bom somente para um lado, repense. Opções são propostas que podemos fazer ao longo da negociação para incrementar o acordo e que não estão presas somente ao que está sendo negociado. Imagine que quero alugar sua casa de praia e, durante nossas conversas, descubro que você está procurando um apartamento para alugar em São Paulo, onde moro. Coincidentemente, como acabei de me casar, estava pensando em alugar meu apartamento de solteiro em São Paulo. Isso pode ajudar nas negociações? Sem sombra de dúvidas! Quando não conseguimos enxergar nada além do que estamos negociando, temos uma visão de uma *fixed pie*, ou "torta fixa", conforme terminologia utilizada por Harvard. Ao pensarmos de modo mais amplo, começamos a ter uma visão da *expanded pie*, ou "torta expandida", que normalmente se reflete num número maior de benefícios e opções para a negociação, em vez de ficarmos batalhando por um único item.

ALTERNATIVAS. Num primeiro momento, parece que esse assunto já está coberto no item anterior, mas há uma importante diferença. Opções representam aquilo que geramos na mesa de negociação, ao passo que alternativas representam tudo aquilo que podemos fazer fora da mesa de negociação. Nossos planos B, C, D... Se tudo der errado, quais são nossas alternativas? Em inglês, esse conceito é definido pela sigla Batna(*Best Alternative to a Negotiated Agreement*), em português, Maana (Melhor Alternativa à Negociação de um Acordo). Este é um conceito extremamente importante durante uma negociação. Voltemos ao exemplo do aluguel da casa de praia. Se a sua é a única casa disponível naquela cidade, e você sabe que não tenho como alugar outra casa, quem está mais forte na mesa de negociação? Nesse caso, o seu Batna é mais forte do que o meu, principalmente se você tiver outros potenciais locatários interessados em sua casa. Agora, o que acontece se invertermos o cenário: você está desesperado para alugar sua casa há anos, sem sucesso. Nessa hipótese, e assumindo que há outras casas disponíveis na cidade, provavelmente, meu Batna é mais forte.

O conceito do Batna não serve para explorarmos o outro lado durante uma negociação, mas para nos fortalecermos caso haja uma resistência ou uma insistência da outra parte em estabelecer um padrão de negociação baseado no conflito. Esse é um conceito que William Ury resume da seguinte forma: "Use o poder para educar". O conceito de negociação distributiva não significa que temos que ser passivos durante uma negociação, mas também não podemos a todo momento entrar no jogo de medir forças e bater cabeças, pois, no mínimo, um dos lados fatalmente sairá machucado.

PADRÕES INDEPENDENTES. Insista em critérios independentes. Por diversas vezes, as discussões durante uma negociação giram em torno de argumentos subjetivos: "Acho que a proposta está cara.". OK, com base em quê? Qual é a comparação? Outras propostas de escritórios similares? Com o mesmo escopo de trabalho? Precisamos nos certificar de que estamos comparando laranja com laranja, e não laranja com cadeira. Exemplos de padrões independentes são: valores/referências de mercado, pesquisas, precedentes etc. Quanto mais basearmos a negociação em critérios objetivos, mais fluidas ficam as interações.

FECHAMENTO. Como esta é uma fase importante do ciclo de relacionamento com clientes, dediquei a seção seguinte somente a ela!

FECHAMENTO

O fechamento pode ser dividido em dois pontos cruciais: formalização e expansão do acordo.

É duro ter que dizer para um advogado que tudo precisa estar refletido no contrato, mas... tudo precisa efetivamente estar refletido no contrato!

Quantas vezes ouvi a história: "Mas combinei a estrutura de pagamento com meu cliente por telefone e agora ele quer fazer diferente!", "A pessoa com quem alinhei esse projeto saiu da empresa e agora a nova diretora disse que não há registro do nosso acordo no sistema deles", e por aí vai.

Os bons acordos devem ser claros, bem estruturados e duradouros. Coloque no contrato todos os pontos alinhados ao longo das negociações e, principalmente, valide tudo com o cliente, para todos se certificarem de que não ficou nada de fora. Já ouvi diversos relatos de advogados que não se sentem confortáveis em incluir tudo no contrato para não "estremecer" a relação com seus clientes. É o típico caso de "casa de ferreiro, espeto de pau". Um exercício fácil para mudar esse tipo de mentalidade é esquecer que você está negociando para seu escritório e imaginar que o cliente pediu que você assumisse uma nova negociação em seu nome. Como você agiria?

Como todo bom contrato, não somente a dinâmica do dia a dia deve estar muito bem regulada, mas também o que acontece em caso de rescisão/extinção. Novamente, desculpe-me por chover no molhado, mas realmente acredito que, mesmo nesse cenário de ruptura, temos que deixar uma boa impressão com esse cliente que está partindo. E, se as regras já foram estabelecidas previamente, elas facilitarão muito esse processo de transição.

Certamente, é melhor termos algum desgaste antes de a relação começar, para fechar um documento que seja razoavelmente bom para todos os lados, do que sofrermos com essa negligência no futuro.

Além disso, o momento de fechamento pode, sim, ser um momento para pensarmos numa potencial expansão do acordo! Eventualmente, a inclusão de novas áreas (*cross-selling*) ou até mesmo o aumento do escopo de trabalho (*up-selling*) podem ser opções que tragam ganho de escala e uma oportunidade para a redução do valor unitário dos serviços a serem prestados. Em alguns casos, temos tanta pressa em fechar o acordo, que esquecemos de trazer eventuais opções que sejam boas para os dois lados (ganha-ganha na essência!).

Com base no conceito indicado anteriormente, do livro *A velocidade da confiança*, dois outros fenômenos ocorrem quando a confiança é alta: a oportunidade de geração de valor e benefícios mútuos, bem como a fidelização, crescem. O cliente que contrata mais áreas do nosso escritório e deposita cada vez mais confiança no nosso trabalho tem uma tendência muito menor de sair. É o conceito de "custo de troca" ou *switching cost*. Fica muito caro trocar de escritório, não somente financeiramente, mas em função de diversas facilidades que ele tem ao trabalhar conosco.

Pense nos aplicativos de transporte (Uber, 99 Táxis etc.): quão rápido você pula de um para outro ao longo do seu dia? Provavelmente, sua fidelização é muito baixa com esse tipo de serviço, pois o "custo de troca" é muito baixo.

No mercado jurídico, temos que buscar o extremo oposto disso: oferecer ótimas experiências aos nossos clientes, estruturando negociações e fechamentos que premiem a construção de parcerias ganha-ganha, com foco no longo prazo.

DICAS EXTRAS

Negociação é um tema tão fascinante que, ao escrever este capítulo, confesso que tive dificuldade em estabelecer uma ordem de prioridade. Não é à toa que há livros inteiros publicados sobre o tema, mas segui o mantra do "é simples ser complexo e é complexo ser simples" para trazer para você o estado da arte sobre o tema, especialmente para o mercado jurídico. E incluí nesta seção excelentes dicas para te ajudar a negociar ainda melhor!

Zona de possível acordo (Zopa). Entenda que toda negociação tem uma Zopa, que é o intervalo no qual é possível alcançar um acordo que seja razoavelmente satisfatório para todas as partes, considerando seus limites mínimo e máximo.

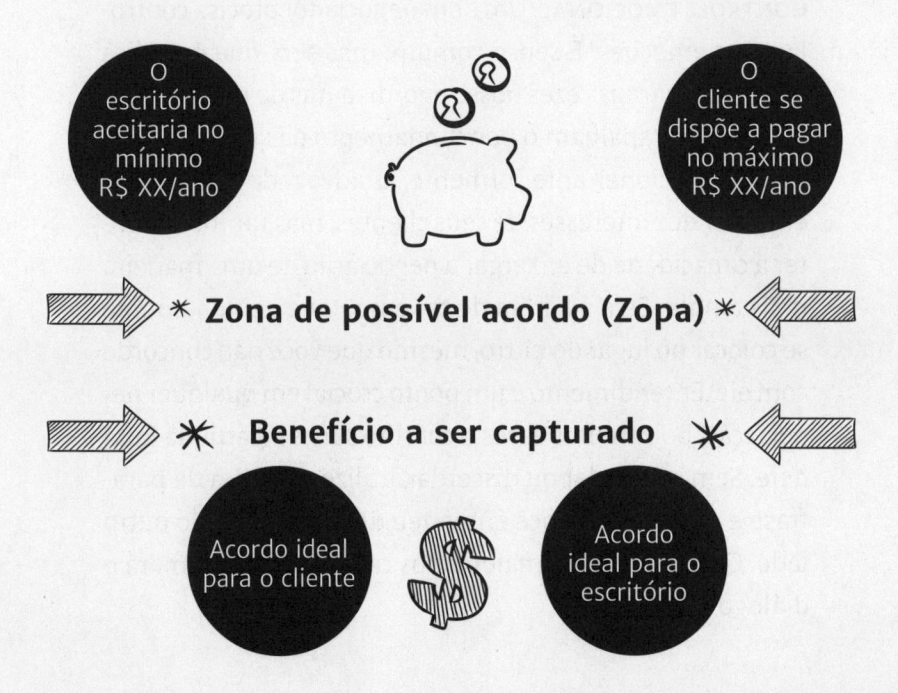

- O escritório aceitaria no mínimo R$ XX/ano
- O cliente se dispõe a pagar no máximo R$ XX/ano

➡ ✳ **Zona de possível acordo (Zopa)** ✳ ⬅

➡ ✳ **Benefício a ser capturado** ✳ ⬅

- Acordo ideal para o cliente
- Acordo ideal para o escritório

Ensaio. Alguns escritórios americanos têm salas especialmente desenhadas para *mock trials* (uma versão equivalente ao júri simulado), que é um reflexo de uma cultura que entende a importância da preparação. Essa é uma mentalidade cada vez mais crescente no mercado jurídico brasileiro. Já há escritórios, inclusive clientes da minha empresa, investindo tempo e recursos em ensaios para negociações relevantes. E o ensaio é para valer! Duas equipes, cada uma atuando para uma das partes, e a negociação ocorre como se fosse na vida real. Esse nível de preparação nos permite antecipar objeções, obstáculos, pontos de divergência e refletir sobre como podemos nos posicionar em relação a eles. Aqui, serve a mesma regra do teatro: ensaiar como se fosse o dia do espetáculo.

Controle emocional. Um bom negociador precisa controlar suas emoções. É senso comum, mas será que é prática comum? Quantas vezes nosso ego, disputas de poder e simples raiva atrapalham o bom andamento das negociações? Como mencionei anteriormente, o advogado deve atuar em favor dos interesses de seus clientes, mas também deve ter a capacidade de enxergar a negociação de uma maneira mais ampla. Esta é a hora de ter empatia e genuinamente se colocar no lugar do outro, mesmo que você não concorde com ele. Entendimento é um ponto crucial em qualquer negociação, pois muitas vezes o conflito surge a partir da falta dele. Sem concordar ou discordar, utilize a técnica da paráfrase e repita o que você entendeu do argumento do outro lado. Garanto que, na maioria dos casos, isso aproximará o diálogo.

SEPARE OS PROBLEMAS DAS PESSOAS. Em muitos casos, somos duros com as pessoas e com os problemas. Não separamos as pessoas daquilo que estamos discutindo. Em uma negociação, cada um está fazendo o seu papel. Ao separarmos as duas coisas, maior é a abertura para uma agenda distributiva e propositiva. Não estou avaliando a pessoa, mas estamos, juntos, avaliando um problema e potenciais soluções para ele. Para chegar a esse ponto, temos que exercer o controle emocional mencionado, visando à abertura das conversas.

POR QUÊ? POR QUE NÃO? E SE? Perguntas representam um elemento fundamental não somente para entender os interesses da outra parte, mas também para estabelecer uma agenda propositiva. Ao convidar a outra parte para desenvolver novas ideias em conjunto, não só abro a porta para a criação de uma conexão, como também transmito a mensagem de que não somos adversários e estamos tentando construir algo que seja razoavelmente bom para todos. E essas três perguntas são poderosas ferramentas que podem ser utilizadas em toda e qualquer negociação.

OFEREÇA UMA SAÍDA HONROSA. O papel de um advogado durante uma negociação não é medir forças com o advogado da outra parte. De que adianta humilhar o outro lado? Colocá-lo em posições difíceis? Ninguém gosta de passar vergonha na frente do cliente. Em vez disso, tente construir saídas honrosas, sempre que possível. Isso certamente aproxima as partes e evita o protagonismo desnecessário dos advogados durante as conversas.

Concessões. Cada concessão deve ter uma contrapartida! Quando uma parte pedir para abrirmos mão de algo, precisamos refletir sobre o custo real daquela concessão. Se simplesmente abrirmos mão, demonstramos que aquela concessão não valia nada e que potencialmente estávamos inflando a negociação apenas para ganhar poder de barganha.

Objeções. Esta é uma pergunta recorrente: como lidar melhor com objeções? Apesar de não existir um padrão único, podemos seguir uma estrutura baseada nas seguintes etapas: reconhecer, esclarecer, responder e validar. Em primeiro lugar, mantenha-se neutro e demonstre que você de fato ouviu e reconheceu a demanda do outro lado. Em seguida, faça perguntas abertas para esclarecer a raiz da objeção. Depois, responda e apresente uma solução que enderece aquela objeção. Por fim, valide se a resposta apresentada atendeu às expectativas e o deixou satisfeito.

Princípio da ancoragem. Muitas pessoas me questionam sobre este princípio, que, em resumo, parte da premissa de que a parte que estabelece a primeira âncora da negociação (leia-se: faz a primeira oferta) tende a estabelecer o ponto gravitacional daquela negociação. Por exemplo, se você quer comprar meu computador e eu digo a você que o preço é R$ 3.000,00, você não oferecerá R$ 4.000,00 por ele e dificilmente oferecerá R$ 500,00, certo? E se eu tivesse dito R$ 1.000,00 em vez de R$ 3.000,00, a dinâmica da negociação seria diferente? Sem dúvida alguma! Acredito muito nesse princípio, porém, na minha visão, ele pode ser interpretado de maneira equivocada. Em qualquer hipótese, com ou sem âncora, você deve apresentar ao outro lado uma proposta que tenha um embasamento e reflita o que você efetivamente deseja naquela negociação. E a âncora não pode ser uma licença para você, por exemplo, cobrar mais de um cliente; ela deve funcionar como uma ferramenta válida para você proteger sua margem, em busca de um acordo que traga valor para todos. Essa é a essência de uma negociação ganha-ganha e justa para as partes.

DA TEORIA À PRÁTICA: PRINCIPAIS FALHAS

Negociação é técnica, não é talento. Negociação é disciplina, foco e execução. E, durante esse processo de aprendizado, fique atento às seguintes potenciais falhas:

- Falta de preparação.
- Adotar uma postura de adversários.
- Começar uma negociação com uma oferta perto do seu limite mínimo aceitável, sem margem alguma para flexibilizar.
- Entrar em negociação sem um Batna.
- Não saber articular e não demonstrar sua proposta de valor para o negócio.
- Fazer concessões unilaterais sem qualquer critério e contrapartida.
- Falar demais.
- Não entender seus limites (em qual momento é melhor deixar a mesa de negociação).
- Não pensar em expandir a negociação por meio de opções que tragam benefícios mútuos.
- Falta de ensaio.

COMPROMISSOS PESSOAIS

Parar	
Manter/ Melhorar	
Nunca foi feito	

CAPÍTULO 7

Atendimento

"Não há ingrediente secreto, é só você."

Kung Fu Panda

No excelente livro *The experience economy (O espetáculo dos negócios)*, os autores nos trazem uma provocação em relação à evolução dos mercados. Iniciamos com a extração de *commodities*, com baixa diferenciação e baixo valor agregado. Na sequência temos uma valorização e descomoditização ao entrarmos no processo de customização, por meio da produção de bens e entrega de serviços, até chegarmos na experiência do cliente conosco, com alta diferenciação e alto valor agregado. Ou seja, nossa diferenciação passa, necessariamente, pelo incremento da experiência que os nossos clientes vivenciam conosco!

Voltamos ao Starbucks. O que eles vendem é *commodity*? Sim! Eles oferecem o melhor café? Novamente, é questionável. Então, por que eles conseguem cobrar um valor significativamente superior àquele praticado na padaria da esquina, pelo mesmo cafezinho? A resposta está em: experiência do cliente.

E por essa razão nunca foi tão essencial quanto agora treinar e capacitar os membros do seu escritório em técnicas de atendimento de excelência. Se cada vez mais será difícil conseguir tangibilizar seu diferencial competitivo para o mercado, comece oferecendo uma experiência diferenciada de atendimento aos seus clientes!

REGULARIDADE ANTES DE CRIATIVIDADE

Antes de mergulharmos no universo da era da experiência, vale uma rápida ponderação.

Será que um cliente que nos procura busca a criatividade antes da regularidade? Creio que não. Ao mesmo tempo em que precisamos evoluir e (re)pensar nosso modelo de negócios, principalmente em atendimento ao cliente, precisamos nos certificar de que estamos entregando o que nos comprometemos a entregar! Parece lugar-comum, mas, na maioria dos casos, há uma dificuldade em transmitir um padrão mínimo de qualidade e atendimento nos escritórios.

Esse ponto dificulta não somente a uniformização e a comunicação com os clientes, mas também gera um receio para apresentar outras áreas do escritório para os clientes (*cross-selling*): se tenho dúvida em relação ao nível de atendimento das demais áreas do escritório, dificilmente arriscarei o bom relacionamento que tenho com um cliente para apresentá-las.

Do ponto de vista organizacional e de eficiência, isso é ruim para todos: o cliente perde ganho de escala e o escritório perde a oportunidade de atuar com uma frente única de trabalho e ampliar a parceria com seus clientes.

Dessa forma, na dosagem certa, a criação de uma espinha dorsal de atendimento de excelência dentro de um escritório gera uniformização e identidade e libera espaço para a criatividade. Somente assim será possível oferecer melhores experiências aos clientes: certificando-se de que as expectativas geradas ao longo do relacionamento estão sendo devidamente atendidas para, paralelamente, oferecer melhores experiências.

Em resumo, como diz o brilhante autor Seth Godin, queremos que o nosso médico lave as mãos antes de uma cirurgia? Sim. Toda vez? Sim, toda vez.

EXPERIÊNCIA DO CLIENTE

Agora, chegamos à pergunta de 1 milhão de dólares: como oferecer experiências transformadoras aos clientes?

Antes de mais nada, precisamos apreciar o sacrifício que um cliente tem que passar ao contratar um novo fornecedor, como o tempo que leva até um fornecedor se familiarizar com seus processos internos e a forma com a qual o cliente gosta de trabalhar. Não é fácil iniciar novas parcerias, assim como não é simples iniciar qualquer relacionamento novo em nossas vidas.

Considerando esse contexto, precisamos influenciar positivamente o antes, o durante e o depois de um cliente dentro do nosso escritório.

Antes. Precisamos nos certificar de que entendemos os objetivos, os anseios e os desafios de nossos clientes. Desde questões mais abrangentes, como: qual é a sua percepção de valor numa parceria? (lembrando que valor = benefícios – custos), quais são suas expectativas com a parceria? etc.; até questões mais específicas como: qual é a periodicidade em que ele deseja receber um relatório de acompanhamento, quais informações devem constar do relatório etc. Dessa forma, há um alinhamento prévio para ajuste das expectativas dos dois lados, de modo que a precificação apresentada pelo escritório e o escopo de atividades acordado estejam alinhados com as expectativas e os anseios dos clientes. Como indicado no capítulo anterior, é melhor ter um pouco de tensão construtiva nessa fase para chegar a um resultado razoavelmente satisfatório para os dois lados, do que gerar uma expectativa equivocada antes mesmo do início da relação.

Durante. Garantir uniformidade e clareza nas comunicações em cada ponto de contato do cliente conosco (e-mail, telefonemas, reuniões etc.). Incluir pontos de escuta intermediários para que o cliente possa avaliar a prestação dos serviços, que nos permitam ajustes de rota ao longo do caminho. Assim, conseguimos implementar um bom gerenciamento de expectativas e prazos para os dois lados. Os escritórios por diversas vezes reclamam que tudo que o cliente pede é urgente e os clientes, por sua vez, reclamam que os escritórios não cumprem os prazos acordados (não considerando prazos fatais, espero!). Essa troca de acusações acaba forjando uma relação de antagonismo em vez de uma relação de parceria. E voltamos à comunicação: não tenha receio de discutir a relação, desde que o grande objetivo seja que a relação melhore para os dois lados e não somente para um deles.

Depois. Encerre cada projeto com uma reunião de alinhamento final interna e externa, inclusive em relação ao valor efetivamente gerado para aquele cliente. O que deu certo e o que poderia ser melhorado para um próximo caso. E também avalie potenciais novas oportunidades para a expansão da parceria se o cliente demonstrar satisfação com o nível da prestação dos serviços. Seja proativo e desenvolva potenciais oportunidades para essa expansão, convidando o cliente para um diálogo de mão dupla, conforme explorado no Capítulo 5.

Em cada fase, precisamos nos certificar de que estamos fazendo bom uso das habilidades sociocomportamentais, ou *soft skills*. Se a experiência de um cliente conosco não é determinada apenas por um único contato, mas pela somatória de todas as interações que ele tem conosco, precisamos treinar todos os membros do escritório para que entendam sua relevância dentro dessa cadeia de experiência. Em praticamente todos os escritórios com os quais tenho o privilégio de trabalhar, os treinamentos de atendimento são focados em todos os que participam direta e indiretamente dessa cadeia: da pessoa que serve o café até o sócio da empresa.

Nesse contexto, habilidades como escuta ativa (realmente ouvir e entender), empatia (colocar-se no lugar do outro) e cortesia tornaram-se mais do que um simples capricho, mas uma questão de sobrevivência. As interações precisam ter uma intenção clara por trás: a transformação positiva do cliente e de nossa relação com ele.

O objetivo com essa estrutura não é somente gerar a satisfação dos clientes (pois o cliente satisfeito pode nos deixar), mas gerar uma relação de lealdade entre as partes. Um cliente leal nos recomenda, amplia a parceria conosco, tem menor probabilidade de nos trocar e tem uma percepção majorada de valor da relação. É bom para todos!

E como investir melhor na cadeia de lealdade do cliente conosco?

Cadeia de lealdade do cliente

Uma pergunta rápida: o que gera crescimento e lucratividade de um negócio? Clientes satisfeitos e leais!

Em pesquisa divulgada pela *Harvard Business Review* ("*Putting the service profit chain to work*"), os autores trouxeram um dado impactante: 5% no aumento da lealdade dos nossos clientes pode representar um aumento de 25% a 85% na lucratividade de uma organização! Apesar de o estudo não mencionar esse ponto, considerando o mundo conectado em que vivemos hoje, assumiria que o inverso também é verdade em relação aos clientes que estão insatisfeitos com nosso trabalho.

A cadeia de lealdade do cliente é uma forma de repensar a jornada dele durante a contratação dos nossos serviços. Ela está dividida em três grandes áreas: interno, excelência no serviço e resultado.

INTERNO. Quando pensamos em cadeia de lealdade do cliente, precisamos olhar da porta para dentro. Em primeiro lugar, há um processo estruturado para recrutamento e seleção de pessoas? E, partindo da premissa de que as pessoas certas estão conosco e trabalham nas posições certas, não há outro caminho: é preciso investir na capacitação e no desenvolvimento de novas habilidades da equipe, com um equilíbrio entre *hard* e *soft skills*. E, principalmente em função dessa lacuna em *soft skills* na formação do advogado, escritórios de pequeno, médio e grande porte procuram minha empresa para estruturar um programa de treinamentos, e não somente uma palestra esporádica. Além de treinar, também é necessário se questionar a respeito do engajamento dos membros do escritório. Pontos que devem ser analisados nesta área: ferramentas para o desenvolvimento do trabalho, do ambiente e da infraestrutura, programa de capacitação de liderança e pesquisas de clima para medir o nível de satisfação de todos dentro da organização.

EXCELÊNCIA NO SERVIÇO. Qual é o nível de satisfação dos nossos clientes com o trabalho que estamos entregando? Se você não tem uma resposta para essa pergunta, provavelmente está navegando no escuro. O objetivo é buscar um pleno entendimento do que está funcionando bem, assim como daquilo que pode ser melhorado. Como destacado anteriormente, uma parte essencial do atendimento é entregar aquilo que foi prometido! E não saber em quais pontos estamos acertando e em quais estamos errando é uma receita certa para a baixa lealdade do cliente. Com base nesse entendimento, há a possibilidade de customizar o atendimento do escritório às reais necessidades do cliente, com base na sua percepção de valor, e criar padrões mínimos de atendimento.

Resultado. Quais são os impactos reais positivos que nossos serviços estão trazendo para o cliente? Mitigação de riscos? Redução no número de litígios? Ações ganhas? O importante é tangibilizar quais são os valores reais da parceria. E, na outra ponta, avaliar a rentabilidade da parceria para o escritório também. Lembre-se: a relação deve ser sempre orientada ao ganha-ganha. Se um lado está sempre perdendo, não estamos diante de uma relação saudável e duradoura.

E tudo isso guiado sempre por pessoas excelentes. Os parques da Walt Disney representam um ótimo exemplo de atendimento de excelência. E esta frase do seu fundador diz muito sobre a fundação dessa estrutura:

"Você pode sonhar, criar, desenhar e construir o lugar mais maravilhoso do mundo. Mas é necessário ter pessoas para transformar seu sonho em realidade!"

Experiência custa caro?

Essa é uma pergunta recorrente em nossos treinamentos em praticamente todos os nossos clientes, e a resposta é simples: sim e não.

Por um lado, a customização e a personalização em altíssimo nível podem custar caro e serem praticamente inviáveis.

Porém, se os pontos anteriores forem bem trabalhados, com uma comunicação fluida dentro e fora do escritório e algum nível de delegação e empoderamento entre seus membros, é possível criar oportunidades de encantamento ao longo da relação, sem que isso o leve à falência. Vamos a exemplos práticos.

A empresa Bonobos, uma subsidiária da gigante Walmart, é especializada em *e-commerce* de roupas masculinas. A equipe de atendimento ao cliente da empresa é chamada de "ninjas", pois, dentro de algum nível de empoderamento e delegação, eles devem fazer tudo que estiver ao seu alcance para melhorar a experiência de seus clientes com a empresa.

Certa vez, um dos "ninjas" recebeu uma ligação de um homem dizendo que havia perdido todas as suas roupas num incêndio e que não estava encontrando suas camisas prediletas no *site* da empresa. Qual foi a primeira pergunta do atendente? "Está tudo bem com o senhor e a sua família?" O cliente respondeu que sim, mas que infelizmente seu cachorro de 15 anos estava dentro da casa e acabou falecendo. Após criar uma conexão emocional com o cliente, o atendente informou que eles tinham as camisas em estoque, que seriam enviadas em até quatro dias úteis. As camisas chegaram em dois dias (gerenciamento de expectativas!) e junto com a caixa havia um porta-retrato do cliente com seu cachorro, que o atendente encontrou na internet. Ao abrir a caixa, o cliente se emocionou muito e chorou.

Outro exemplo é a famosa rede mundial de hotéis Ritz Carlton. Eles também são famosos pelo nível de excelência no atendimento ao cliente. Uma das formas que eles fazem isso é por meio de uma plataforma de CRM em que todas as interações relevantes com os hóspedes são registradas. Se um garçom descobre que você gosta de leite no seu café, ele registra essa informação no sistema e o próximo garçom o oferecerá essa combinação no próximo café da manhã, e por aí vai.

Uma história que ficou famosa na internet por meio do *site* Huffington Post envolve uma família que, após dias incríveis hospedados num dos hotéis da rede, ao voltar para casa, percebeu que havia esquecido a girafinha de pelúcia de uma das crianças. Qualquer pai ou mãe sabe o quão crítico esse momento pode ser. Basicamente, a felicidade da família para as próximas semanas dependia daquela girafa.

Em contato com o hotel, os pais descobrem que a girafinha estava sã e salva no departamento de achados e perdidos do hotel. O pai conta para o filho que a girafa tinha gostado tanto da viagem que havia decidido ficar mais alguns dias no hotel. Em paralelo, ele pede para o hotel enviar uma foto da girafa em algum lugar do hotel, para corroborar sua história. Os atendentes enviam a foto via e-mail e, alguns dias depois, chega uma caixa com a girafinha, alguns mimos do hotel e um álbum de fotos. Dentro do álbum havia diversas fotos da girafinha curtindo suas férias no hotel: tomando sol, dirigindo o carrinho de golfe, numa sessão de massagem etc.

O que as duas histórias têm em comum? Um show de *soft skills* e empoderamento dos funcionários. Um impacto incrível na fidelização e na lealdade da relação!

E quanto custou todo esse encantamento? Quase nada.

As empresas que afirmam que encantamento e experiência são caros geralmente não querem se dar ao trabalho de repensar seu jeito de agir.

Seguindo o nosso mantra: encantamento exige disciplina, foco, execução e muito treinamento? Sim. É simples? Não. Vale a pena? Muito.

Para reforçar esse argumento, vale analisar a pesquisa realizada pela PwC entre os anos de 2017 e 2018, constante do relatório *Experiência é tudo: descubra o que realmente importa para o seu cliente*.

Durante a pesquisa, a empresa fez a seguinte pergunta para os clientes entrevistados: "A experiência do cliente ajuda a decidir entre as opções de compra?". No Brasil, 89% dos clientes consideraram que sim – entre os índices mais altos entre os países que participaram da pesquisa.

A experiência do cliente ajuda a decidir entre as opções de compra.

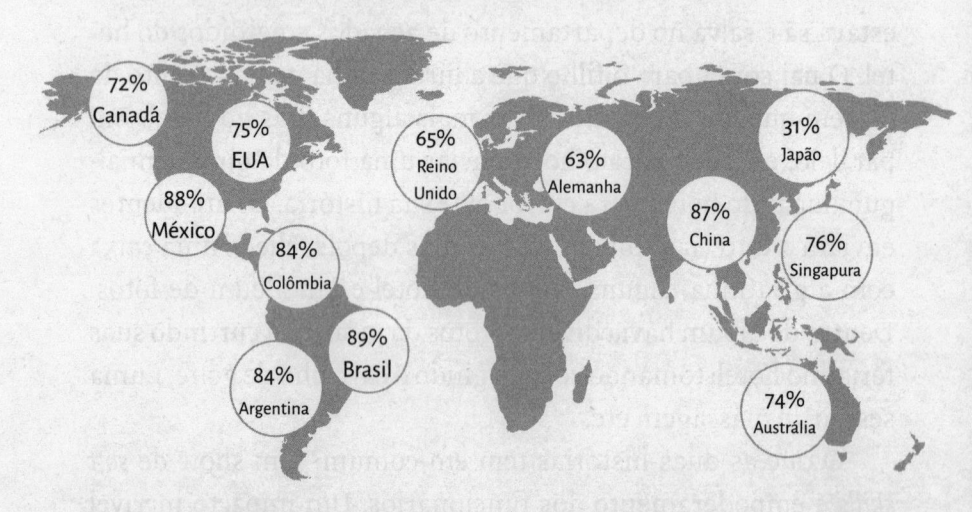

- 72% Canadá
- 75% EUA
- 88% México
- 84% Colômbia
- 84% Argentina
- 89% Brasil
- 65% Reino Unido
- 63% Alemanha
- 87% China
- 31% Japão
- 76% Singapura
- 74% Austrália

Fonte: PWC Future of Customer Experience Survey 2017/18

Como medir a satisfação do cliente?

A metodologia mais utilizada para a medição da satisfação de cliente é o *Net Promoter Score*, ou NPS, criada por Fred ReIchheld e depois ampliada com seu colega Rob Markey, da Bain & Company, por meio do livro *A pergunta definitiva 2.0*.

Você provavelmente já respondeu a esse tipo de questionário, sem saber que se tratava de uma metodologia sofisticada: "Em uma escala de 0 (baixa) a 10 (alta), qual é a probabilidade de você recomendar nossos produtos/serviços a um amigo ou colega?".

Os clientes na escala de 0 a 6 são os "detratores". Eles estão insatisfeitos e provavelmente deixarão isso muito claro para a sua rede de contatos. Os clientes com nota 7 e 8 são os "neutros", que não estão muito insatisfeitos nem satisfeitos, mas exigem atenção, pois neutralidade não significa fidelização: eles podem descer na escala com muita facilidade. Por fim, os clientes com nota 9 e 10 são os "promotores". Esses clientes estão extremamente satisfeitos com nossos serviços e provavelmente nos recomendarão para sua rede de contatos (*advocacy*).

O NPS é calculado da seguinte forma: promotores – detratores. Um NPS acima de 50 já é considerado muito bom. Notem que os neutros não compõem o cálculo do NPS e, por essa razão, são extremamente perigosos para nosso negócio, se não dermos a devida atenção a eles.

Em uma escala de 0 a 10, qual é a probabilidade de você nos indicar para um amigo ou familiar

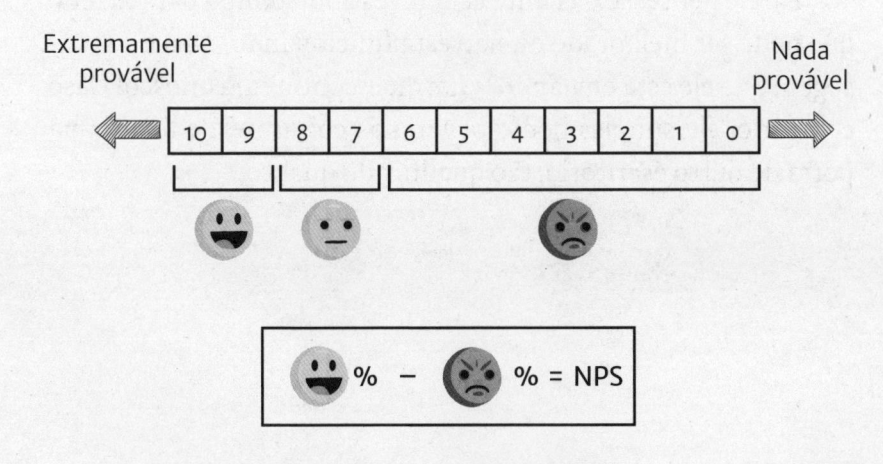

Com base em uma única e simples pergunta, é possível: fazer um *benchmarking* com outras indústrias de serviços para avaliar o nosso posicionamento e desenhar estratégias completamente distintas para a nossa carteira de clientes.

Particularmente, entendo que esse tipo de rodada de *feedback* pode ser complementado com outras perguntas específicas sobre a parceria, perfil de atendimento do escritório e eventuais projetos concluídos ou em andamento.

No mundo cada vez mais comoditizado em que vivemos, é uma questão de sobrevivência entender como podemos melhorar a parceria com nossos clientes e adequá-la a seus anseios e necessidades, sempre orientados ao ganha-ganha.

O que temos de evitar a qualquer custo é não ter qualquer tipo de medição e navegar no escuro. Voltamos ao mantra: o que você não mede você não gerencia.

Em muitos casos, temos receio de iniciar esse tipo de interação com os clientes por medo do que virá do outro lado... E aí, já temos um grande problema! Como em qualquer relacionamento, é extremamente importante investir tempo para alinhamento e comunicação, mesmo que isso leve a uma tensão construtiva temporária.

Pare e pense: se o cliente está investindo tempo para dizer o que pode ser melhorado ou não está funcionando, qual é a mensagem que ele está enviando? Que quer continuar conosco! Caso contrário, ele simplesmente pegaria as coisas dele e bateria na porta de outro escritório, tão qualificado quanto.

COMPROMISSOS PESSOAIS

Parar

Manter/ Melhorar

Nunca foi feito

CAPÍTULO 8

Gestão do tempo e execução

"Você é ocupado ou produtivo?"

Tim Ferriss

Pare e reflita um pouco sobre a pergunta acima. Na imensa maioria das vezes, somos ocupados, e não produtivos. E muitos são produtivos, mas não são eficientes, ou seja, otimizam tempo da maneira certa, porém não com as coisas certas.

Uma das epidemias dessa nova era é a falta de tempo. Em qualquer roda de conversa, fatalmente alguém compartilhará alguma história sobre como está afogado na própria rotina. E normalmente a culpa é nossa.

Sei que causa arrepio quando assumimos a responsabilidade pela nossa falta de tempo e temos já engatilhadas centenas de desculpas bem desenhadas para justificar porque fazemos o que fazemos. Porém, se formos realmente sinceros, há muito espaço para melhoria.

Esse é um assunto que sempre foi uma relação de amor e ódio para mim. De sobrenome alemão, estudei em colégio da mesma nacionalidade e morei na Alemanha. Eficiência e produtividade correm no meu sangue. Mas isso também virou quase uma obsessão, nunca achava que estava bom. E hoje, quando ensino produtividade, gestão do tempo e execução para meus clientes, muitos deles entre os melhores advogados do país, transmito a importância de focar na evolução, e não na perfeição de nossas ações, e também de saber comemorar as pequenas vitórias. O caminho para nos tornarmos uma melhor versão de nós mesmos é uma maratona, e não uma corrida de 100 metros rasos.

Nesse contexto, precisamos lidar um pouco melhor com estatística. Tenho absoluta certeza de que, em certos dias, você não acordará produtivo. Pelo contrário, seu maior desejo será ficar na cama e assistir às suas séries favoritas. E tudo bem! Se assumirmos que, estatisticamente, é impossível ser produtivo 100% do tempo e que esses pontos fora da curva surgirão, passamos a ter um discurso interno mais saudável. Claro que, se o ponto fora da curva é ser produtivo, há um problema óbvio!

Em um estudo realizado em 2011, com aproximadamente 1.500 executivos ao redor do mundo (mencionado no artigo "*Making time management the organization's priority*", publicado em janeiro de 2013), a empresa de consultoria McKinsey perguntou como os executivos entrevistados dividiam seu tempo, e descobriu que apenas 9% deles estavam muito satisfeitos com sua gestão do tempo. Quase a metade deles admitiu que seus esforços não estavam sendo investidos nas prioridades da organização.

Ou seja, "gestão do tempo", nos dias de hoje, virou "gestão de foco".

A ARTE DE DIZER "NÃO"

É incrível como as pessoas agem rápido para incluir mais itens e atividades em suas vidas para obter a falsa sensação de produtividade, quando na realidade só estão ficando mais estressadas, ansiosas, deprimidas e, é claro, ocupadas.

Sua produtividade depende do seu "não". Pare e pense: se mais informação fosse a solução mágica para todos os problemas, por que nem todos são ricos, bem-sucedidos e saudáveis?

Hoje temos mais acesso à informação na ponta de nossos dedos do que o presidente dos Estados Unidos tinha há vinte anos, e isso não necessariamente está nos ajudando; em alguns casos, está piorando nossa qualidade de vida.

É lugar-comum dizer que a "natureza é sábia" e que há uma razão por trás da existência das plantas, dos animais etc. que compõem nosso ecossistema. Mas por que não utilizamos essa mesma linha de raciocínio para nós, humanos?

Vamos assumir que, fisiologicamente, somos bem parecidos com nosso ancestral de milhões de anos atrás, com algumas melhorias (ou *updates*, para a nova geração). Qual era o contexto em que nosso *hardware* foi criado? Tínhamos WhatsApp, e-mail e redes sociais? Claro que não.

Basicamente, nosso cérebro não foi desenhado para essa inundação de informação. Apesar de ter uma capacidade incrível, ele não foi feito para *multitasking* – aqui preciso me desculpar especialmente com as mulheres! – e ser acionado constantemente, como fazemos atualmente.

Estamos cansados de tantas decisões, das pequenas até as maiores, por que não conseguimos organizar e priorizar nossa agenda. E quando não priorizamos a nossa agenda, como diz o brilhante autor Greg McKeown no livro *Essencialismo*, alguém fará isso por nós.

Esse cansaço nos leva a cada vez mais ansiedade e estresse. Voltamos ao nosso ancestral: em qual contexto ele sentia essas emoções? O de sobrevivência! Ou estava sendo atacado, ou estava sob algum outro risco. E qual é a reação natural do nosso corpo a esse estímulo? Fluxo de energia para nossos membros (precisamos lutar ou correr), o que deixa outras áreas com menos energia, como nosso sistema imunológico e, adicionalmente, insônia (se estamos sob ataque, não podemos dormir).

O que era uma situação excepcional anos atrás virou rotina atualmente. Estamos ficando mais doentes, nos alimentando e dormindo mal e, consequentemente, estamos menos produtivos.

Antes de continuarmos, gostaria que você fizesse uma pausa para pegar um papel e uma caneta. Pode ser o celular? Não. Pode ser um laptop ou iPad? Não. Papel e caneta.

Agora, anote tudo na sua vida hoje que é um "sim", mas que, na realidade, deveria ser um grande "não!" e os respectivos motivos. Acho ótimo utilizar o mesmo conceito de Pareto mencionado anteriormente e focar nos 20% de atividades, itens, pessoas etc. que causam 80% de seu estresse e ansiedade. Faça um *brainstorming* com você mesmo. Grupos de WhatsApp, pessoas, redes sociais, revistas e *newsletters* que você assina, tudo conta.

Concluída essa parte, quero que você pare de ler este livro e vá executar ou, melhor, excluir no mínimo 50% dessa lista e volte para cá. Quanto tempo você acha que vai ganhar somente nessa etapa? E estamos apenas começando!

Antes de dizer "sim" para novos projetos na sua vida, quero que reflita sobre as seguintes perguntas:

- Qual é o custo desse "sim" ou "meio-sim"? Do que estarei abrindo mão?

- Estou separando as pessoas dos problemas? Se disser "não", será que minha amizade realmente vai terminar?

- Estou entrando no viés do investimento afundado — "já investi muito tempo, dinheiro e suor nesse projeto, não posso desistir!". Será que não pode mesmo? Você precisa recuperar o investimento da mesma forma que perdeu?

- Se soubesse o que sei hoje, teria tomado a mesma decisão lá atrás?

Nosso tempo não vai aumentar; então, antes de pensarmos no que devemos adicionar em nossas vidas, precisamos focar no que devemos excluir dela.

HÁBITOS

Aristóteles tem uma frase que, com muito respeito, adaptei: Excelência não é algo que temos, mas algo que fazemos. Somos aquilo que fazemos repetidamente, para o bem e para o mal.

No livro *O poder do hábito*, o autor Charles Duhigg introduz o conceito dos "gatilhos de hábitos". Gatilhos são eventos, situações e contextos que nos levam a determinado hábito, na expectativa de determinada recompensa. Por exemplo, quantos fumantes você conhece que dizem que o bar é um "gatilho" para fumarem, tendo como recompensa uma sensação de prazer? Ou pessoas com dificuldade para manter o peso que comem compulsivamente todas as vezes em que estão ansiosas para se sentirem melhor?

Esses gatilhos estão espalhados por toda a nossa rotina, entretanto temos uma tremenda dificuldade em enxergá-los, o que dificulta (e muito!) que nos livremos de maus hábitos. Mas o que acontece se começarmos a, conscientemente, como parte de um plano estruturado, espalhar gatilhos positivos ao longo do nosso dia? Podemos formar novos hábitos com recompensas mais saudáveis? Certamente.

Por que discutir hábitos dentro do contexto de gestão do tempo e produtividade? Porque os dois últimos são um mero reflexo de suas ações e reações. Quantas vezes você olha para o seu celular ao longo do dia? Quantas vezes entra no seu e-mail? Quantas vezes inventa coisas para fazer em vez de focar no que é realmente importante?

Desenvolver novos hábitos não é fácil. Imagine seu cérebro com um grande sistema de ruas e avenidas que representam suas conexões neurológicas. Essas conexões, por sua vez, representam seus hábitos. Seu cérebro naturalmente utilizará as vias já pavimentadas e conhecidas (vamos assumir que o seu cérebro não usa algum aplicativo de GPS).

A construção de novos hábitos implica, quase literalmente, construir novas ruas e avenidas. Só que, ao construí-las, você já tenta utilizá-las, enquanto ainda estão desniveladas e esburacadas. Por essa razão é quase um sofrimento implementar um novo hábito em nossas vidas – maior gasto energético e maior dificuldade cognitiva.

Há algum tempo resolvi testar a tese de neuroplasticidade do cérebro e todo o conceito de mentalidade de crescimento. Fui destro minha vida inteira e decidi virar ambidestro. Comecei a utilizar minha mão esquerda para praticamente todas as minhas atividades diárias: escovar os dentes, lavar louça, abrir e fechar coisas, comer etc.

Depois de um ano, já consigo escrever com a mão esquerda quase tão bem quanto com a direita. Foi fácil? Claro que não! Fui brindado com muitas aftas pela minha inabilidade com a escova de dentes ao longo do caminho, mas, hoje em dia, já é automático pegar a escova com a mão esquerda.

Segundo o autor Daniel Kahneman, no seu livro *Rápido e devagar: duas formas de pensar*, temos dois sistemas funcionando simultaneamente no nosso cérebro. O sistema rápido, automático e intuitivo, e o sistema devagar, analítico e racional. Os dois sistemas são extremamente relevantes para a produtividade do nosso cérebro. Imagine se tivéssemos que pensar em cada palavra que utilizamos na nossa língua materna, como ocorre quando estamos falando uma língua estrangeira que ainda não dominamos.

Entretanto, nem sempre foi assim. Houve um tempo em que a nossa língua materna era algo estrangeiro. E o que mudou? Muito treino e a criação de um novo hábito, que levou nosso cérebro a delegar essa atividade do sistema lento para o sistema rápido.

E essa é a beleza de entender o funcionamento do nosso cérebro! Com disciplina e uma mentalidade de crescimento, podemos construir novas avenidas e ruas no nosso universo cognitivo, abrindo espaço para novas competências e habilidades. Basta ter um plano de ação estruturado, com bons gatilhos e a motivação certa.

Gatilhos e tecnologia

Sou fã dos avanços que tivemos na qualidade das nossas vidas em função da tecnologia. Ir ao supermercado, por exemplo, era uma atividade extremamente penosa para mim. Sempre achei todo o caminho produto → carrinho → caixa → carrinho → porta-malas → carrinho → geladeira uma grande perda de tempo. Então sou muito grato ao supermercado *on-line*!

Por outro lado, só há duas indústrias no mundo que chamam os seus clientes de "usuários": a das drogas e a da tecnologia. E há uma razão para isso.

O marketing por trás de parte da indústria de tecnologia virou um "marketing de atenção". O que vale não é necessariamente a qualidade do que você está assistindo, mas seu tempo de uso.

Essa é a base para a venda de pacotes de publicidade dentro dos aplicativos e programas. E nessas empresas há cargos como "engenheiros de atenção", pessoas com PhD cujo único propósito é nos prender o máximo de tempo em frente à telinha. É quase uma luta injusta.

E como eles fazem isso? Pense quantas vezes você olhou seu celular não porque quis, mas porque ele enviou alguma mensagem, algum barulhinho ou sinal de "olhe para mim!". E quantas vezes olhamos o celular na esperança de algo novo (alguma mensagem ou informação nova) que pode ou não aparecer. É o conceito de "reforço intermitente".

Esse conceito está presente no cassino, principalmente na máquina de caça-níqueis. Puxamos uma alavanca em busca de uma recompensa que pode ou não vir. E é o mesmo conceito de gatilho e recompensa do poder do hábito.

Mas por que é tão difícil concentrar? Como disse anteriormente, nosso *hardware* é antigo.

Voltemos ao nosso amigo de milhões de anos atrás. Havia uma razão muito clara para ele não poder focar 100% numa coisa: era uma questão de sobrevivência. Imagine se ele ficasse focado numa planta e um leão aparecesse para comê-lo. Não seria bom.

Por isso nosso cérebro tem quase um sonar instalado, procurando estímulos a todo momento, pois ele não sabe que, ao menos em alguns contextos, não há realmente um "leão tentando nos comer".

Se de um lado temos um sonar instalado, procurando qualquer tipo de estímulo e, do outro, um celular que apita de minuto em minuto com alguma potencial novidade, temos o casamento (im)perfeito!

Considerando esse cenário, precisamos desenvolver uma relação mais saudável com a tecnologia. Tome a decisão difícil, em homenagem à sua produtividade, de desligar praticamente todas as suas notificações do celular, com exceção daquelas ligadas a meio de transporte, ligações e calendário. Assuma controle dessa relação o quanto antes.

E, já que estamos nesse assunto, tente não olhar o celular na primeira e na última hora do seu dia. Não tenho um estudo para embasar essa dica, mas acredito que já temos muita imprevisibilidade no nosso dia e ao menos podemos assumir o controle do início e do final dele, em vez de ficarmos sempre em "modo de reação".

MOTIVAÇÃO

Muitos podem torcer o nariz para esse tema, pois soa "autoajuda" demais. Só que como acredito muito no termo "autoajuda" e sei, por dar centenas de treinamentos por ano, que metas não param em pé sozinhas, vamos falar sobre motivação.

Qual é seu grande objetivo na vida? Ser feliz, certo? Mas você quer ser feliz 100% do tempo, mesmo quando algo muito ruim acontece em sua vida?

Na realidade, o que queremos é ter mais consciência de nossas ações e reações e, consequentemente, ter uma vida mais equilibrada, saudável e com diversos momentos de felicidade.

Além disso, queremos ser bem-sucedidos, certo? Mas o que é "sucesso" para você?

Se você fosse um ator ou uma atriz, por exemplo, sucesso poderia significar:

- Ganhar um Oscar?
- Ganhar um Globo de Ouro?
- Ganhar milhões de reais para fazer um filme?
- Todas as anteriores e ainda ter uma linda família com três filhos?

Essa vida existiu e ela era do famoso ator Robin Williams, que se enforcou em 2014.

Temos que ter muito cuidado com as métricas comuns de sucesso e passar a focar em metas de satisfação. Podemos e devemos ter ambição, mas, se não soubermos comemorar as vitórias ao longo do caminho, simplesmente continuaremos empurrando a linha de chegada até o ponto em que não aguentemos mais.

Cada plano de ação, cada meta deve ter um motivo claro por trás, um propósito. Esse ponto se conecta com o tema central do livro *Por quê? Como grandes líderes inspiram ação*, mencionado anteriormente, pois envolve encontrar o seu "porquê" pessoal. Motivação funciona como uma alavanca de performance, pois, se simplesmente pensarmos na meta nua e crua, ficamos pelo caminho. Essa é a estrutura de 99% das metas/promessas de final de ano e por que as pessoas desistem delas em janeiro. As alavancas não estão claras.

O empresário e palestrante Ed Mylett – vale a pena pesquisar a história dele – teve um choque de motivação e alavancas de performance em sua vida. Ele já era um empresário bem-sucedido quando resolveu, após assistir a um episódio da Oprah (parece piada, mas não é) sobre um novo tipo de exame de coração, agendar uma consulta com um cardiologista. Na época ele era casado, tinha um filho e sua mulher estava grávida de uma menina.

Após receber o resultado de seus exames, agendou uma nova consulta com seu médico. Assim que entrou na sala, o médico lhe fez a seguinte pergunta: "Você está confortável em não ver os seus filhos crescerem?". Ele se assustou e perguntou sobre o resultado dos exames. O médico repetiu a pergunta. Então, ao discutirem o resultado dos exames, o médico explicou que, se ele continuasse com aquele estilo de vida, provavelmente teria apenas mais alguns anos pela frente.

Assim, ele descobriu sua alavanca! Agora, todas as suas metas giram em torno desse gigantesco "porquê": estar presente, são e saudável para seus filhos.

Pessoalmente, o meu porquê é muito parecido com o do Ed: quero ser um pai presente, saudável e participativo na vida dos meus meninos, Rafa e Lucas. E também quero dar oportunidades e opções para eles ao longo de suas vidas.

Na minha empresa, queremos ajudar cada um de nossos clientes a transformar seu negócio. Simples, porém muito profundo e impactante, pois, ao estabelecermos cada uma das nossas metas, esse propósito vira nossa bússola interna: como que essa meta nos ajudará a transformar e impactar a vida e os negócios de nossos clientes? Se a resposta não está clara, precisamos repensar tudo.

O consultor de performance Jim Kwik recomenda que, ao estruturar uma meta, ela percorra três níveis: cabeça, coração e mãos. Precisamos nos conectar no nível racional e emocional com aquela meta e pensar em como vamos atingi-la.

E já que estamos no tema: como estabelecer metas exequíveis?

IDEIAS NÃO VALEM NADA SEM EXECUÇÃO

Execução é o nome do jogo. Não basta ter boas ideias se não conseguir tirá-las do papel!

Em primeiro lugar, precisamos dividir nossas atividades entre importantes e urgentes. E, para nos ajudar com essa tarefa, o método Eisenhower é uma ótima ferramenta:

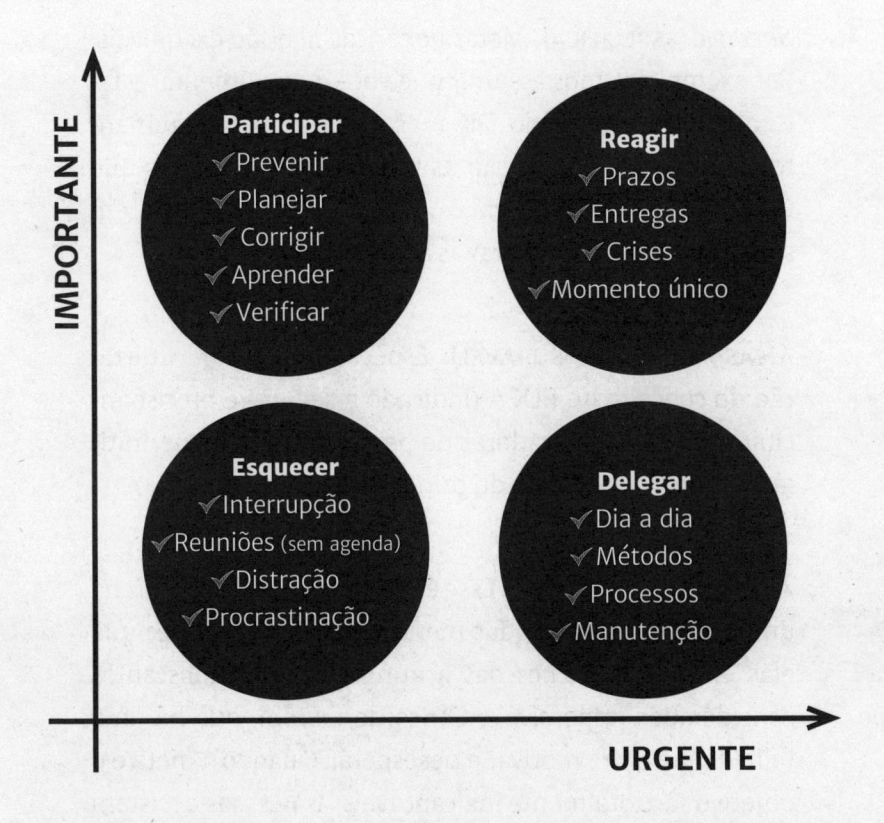

IMPORTANTE

Participar
- ✓ Prevenir
- ✓ Planejar
- ✓ Corrigir
- ✓ Aprender
- ✓ Verificar

Reagir
- ✓ Prazos
- ✓ Entregas
- ✓ Crises
- ✓ Momento único

Esquecer
- ✓ Interrupção
- ✓ Reuniões (sem agenda)
- ✓ Distração
- ✓ Procrastinação

Delegar
- ✓ Dia a dia
- ✓ Métodos
- ✓ Processos
- ✓ Manutenção

URGENTE

Com nossas atividades bem divididas, segmentadas e priorizadas, precisamos, então, montar um plano de ação.

Com base na técnica Smart, toda meta deve preencher os seguintes filtros:

- *specific* (específica);
- *measurable* (mensurável);
- *attainable* (atingível);
- *relevant* (relevante);
- *time-bound* (vinculada ao tempo).

SPECIFIC (ESPECÍFICA). Metas genéricas não são exequíveis! Por exemplo, vamos assumir que você quer aumentar o faturamento do escritório. OK, mas qual é o valor do aumento? Até quando? Quais são as tarefas e as subtarefas que você implementará? Quem é o dono de cada tarefa e quem será responsável por cobrar as atividades dos demais?

MEASURABLE (MENSURÁVEL). Especialmente para utilização do conceito do PDCA (indicado a seguir), é preciso incluir métricas e indicadores de performance para permitir ajustes de rota ao longo do caminho.

ATTAINABLE (ATINGÍVEL). Esse é um ponto polêmico, pois há diversos "evangelistas" das metas agressivas, uma vez que elas empurram as pessoas a atingirem resultados antes considerados impossíveis. Concordo, porém, que há uma linha tênue entre motivar e desesperar. Quando a meta e o objetivo são totalmente inalcançáveis, as pessoas desistem no meio do caminho. O raciocínio é: para que gastar todo esse tempo e energia se no final não conseguirei bater a meta de qualquer forma?

Relevant (relevante). Parece óbvio, mas o objetivo precisa ser relevante para você e para sua organização! Caso contrário, vocês não terão fôlego para alcançá-lo. Voltamos à discussão de motivação e alavancas de performance.

Time-bound (vinculada ao tempo). Quero bater a meta quando? Não precisa necessariamente ser dentro de um ano, mas é necessário criar uma estrutura de atingimentos parciais, para monitorar a evolução da execução. Quero economizar R$ 1.200,00 em 12 meses, o que, teoricamente, significa que deveria economizar R$ 100,00 por mês, certo? E se não consigo economizar esse valor num determinado mês ou já sei, antecipadamente, que em julho farei uma viagem e terei que tirar dinheiro daquela poupança? Terei que replanejar os meses seguintes para manter o atingimento da meta. Sempre vinculada a um prazo específico.

Agora que temos uma estrutura para a criação de metas exequíveis, como estruturar o plano de ação? Há diversos formatos em livros sobre produtividade, mas gosto do mantra da simplicidade. Estruture suas metas preenchendo as seguintes colunas: item, descrição da ação, dono, prazo e *status*. Eventualmente um item do plano demandará um subplano para execução, e não há qualquer problema nisso.

Após a implementação do plano de ação, tudo certo e velocidade de cruzeiro? Não! Essa é a parte mais crítica da execução.

Nessa fase, vale testar o método PDCA (*Plan, Do, Check, Act*), desenvolvido no Japão e aplicado por diversas empresas ao redor do mundo, incluindo a Ambev, onde trabalhei durante anos, em Societário/M&A e Vendas:

CONCLUÍDO? SIM / NÃO ⟶ **ACT** — Reflita e gire o PDCA

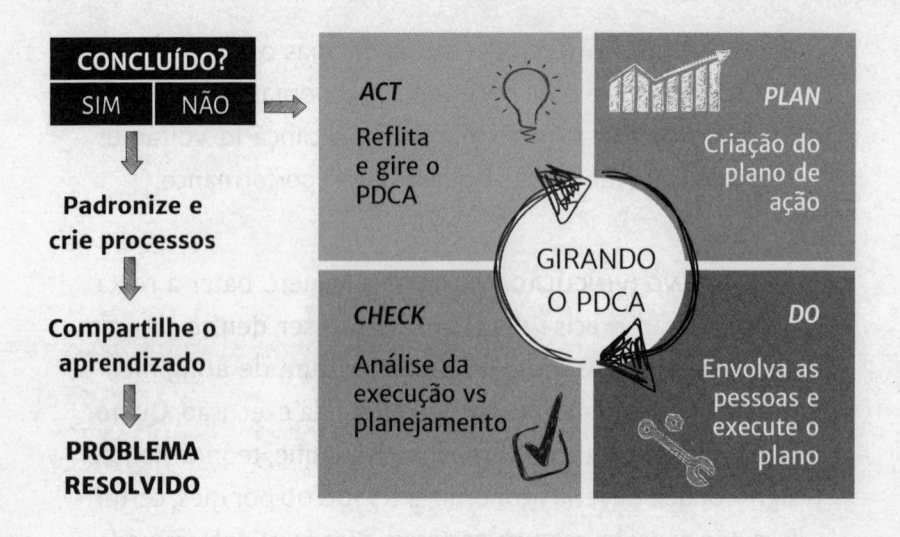

⬇ Padronize e crie processos
⬇ Compartilhe o aprendizado
⬇ **PROBLEMA RESOLVIDO**

GIRANDO O PDCA

- **PLAN** — Criação do plano de ação
- **DO** — Envolva as pessoas e execute o plano
- **CHECK** — Análise da execução vs planejamento
- **ACT** — Reflita e gire o PDCA

A genialidade desse método de execução está em não somente monitorar as ações, identificar inconsistências e agir em cima delas para manter a plena execução do plano, mas também desenvolver um *benchmarking* interno ao longo do caminho!

Temos uma fonte incrível de conhecimento em nossas organizações: as pessoas! Quantos processos poderiam ser padronizados, mas se perdem quando uma pessoa deixa o escritório? Como dizia Mark Twain: "A história não se repete, mas ela rima". E o mesmo serve para os problemas que enfrentamos em nosso dia a dia.

COMPROMISSOS PESSOAIS

Parar

Manter/ Melhorar

Nunca foi feito

POSFÁCIO

Este livro tem a minha cara, de ponta a ponta.

Quando entrei neste fascinante universo de treinamento corporativo, tive uma vontade enorme de gritar "o rei está nu!", como no belo conto de fadas "A roupa nova do rei".

Muita teoria sem um viés prático. Alguns com viés prático, mas sem teoria para embasar. Em diversos casos, a falta de interesse genuíno e paixão em ajudar. E, no final do dia, a falsa percepção de mudança, sem um impacto realmente transformador.

Meu mantra sempre foi e será: o que os meus clientes farão com essa informação ao saírem deste treinamento? Como colocarão em prática este conceito? Isto lhes ajudará ou será mais dor de cabeça para a sua tão atribulada rotina? Entreguei meu "sangue, suor e lágrimas" nesse treinamento?

E, por essa razão, você é o grande foco do meu livro!

Se após essa nossa jornada você mudar, melhorar, incrementar e/ou criar alguma rotina ou hábito na sua vida, tudo valeu a pena.

Este livro é simples, direto e impactante. Ele representa não somente aquilo que pratico no dia a dia, mas um princípio maior que permeia toda a minha vida e as minhas relações.

Espero que você reencontre este livro ao longo da sua jornada e releia algumas passagens, pois o livro pode não ter mudado, mas você certamente terá.

E, por fim, que este livro sirva como um manual para constantemente ajudá-lo a se tornar a melhor versão de si mesmo!

Um grande abraço, do fundo do meu coração,

Bruno Strunz

REFERÊNCIAS

Livros

ADAMSON, Brent; DIXON, Matthew. *A venda desafiadora*. São Paulo: Portfolio/Penguin, 2013.
BUCKINGHAM, Marcus; CLIFTON, Donald O. *Descubra seus pontos fortes*. Rio de Janeiro: Sextante, 2008.
COLLINS, Jim C. *Empresas feitas para vencer*. Rio de Janeiro: Elsevier, 2006.
COVEY, Stephen M. R. *The speed of trust*. Nova York: Free Press, 2006.
CSIKSZENTMIHALYI, Mihaly. *Flow*: the psychology of optimal experience. Nova York: Harper Perennial, 2008.
DIXON, Matthew; TOMAN, Nick; DELISI, Rick. *The effortless experience*: conquering the new battleground for customer loyalty. Nova York: Penguin, 2013.
DUHIGG, Charles. *O poder do hábito*: por que fazemos o que fazemos na vida e nos negócios. Rio de Janeiro: Objetiva, 2012.
DWECK, Carol S. *Mindset*: a nova psicologia do sucesso. São Paulo: Objetiva, 2017.
FERRISS, Tim. *Tools of Titans*: the tactics, routines, and habits of billionaires, icons, and world-class performers. Nova York: Houghton Mifflin Harcourt Publishing Company, 2017.
KAHNEMAN, Daniel. *Thinking fast and slow*. Nova York: Farrar, Straus and Giroux, 2011.
MAGALDI, Sandro; SALIBI NETO, José. *Gestão do amanhã*: tudo o que você precisa saber sobre gestão, inovação e liderança para vencer na 4ª revolução industrial. São Paulo: Gente, 2018.
MCKEOWN, Greg. *Essencialismo*. Rio de Janeiro: Sextante, 2015.
NORONHA, José Ricardo. *Vendas: como eu faço?*: as 50 questões que mais intrigam a vida de quem vende. São Paulo: Évora, 2014.
PINE, B. Joseph; GILMORE, James H. *The experience economy: work is theatre & every business a stage*. Boston: Harvard Business Review Press, 2011.
PINK, Daniel H. *To sell is human*: the surprising truth about moving others. Nova York: Penguin, 2012.
RACKHAM, Neil. *Spin selling*. Nova York: McGraw-Hill, 1988.
REICHHELD, Fred; MARKEY, Rob. *A pergunta definitiva 2.0*. Rio de Janeiro: Elsevier, 2011.
SCHULTZ, Mike; DOERR, John E. *Insight selling*: surprising research on what sales winners do differently. Hoboken: John Wiley & Sons, 2014.
SINEK, Simon. *Por quê?*: como grandes líderes inspiram ação. São Paulo: Saraiva, 2017.
SIVERS, Derek. *Anything you want*. Nova York: Portfolio/Penguin, 2015.
URY, William. *Getting past no*: negotiating in difficult situations. Nova York: Batam Dell, 2007.

Internet

BEVINS, Frankki; SMET, Aaron De. Making time management the organization's priority. Mckinsey Quarterly, 2013. Disponível em: <https://www.mckinsey.com/business-functions/organization/our-insights/making-time-management-the-organizations-priority/>. Acesso em: 27 jul. 2019.
EXPERIÊNCIA é tudo: descubra o que realmente importa para o seu cliente. PWC, 2018. Disponível em: <https://www.pwc.com.br/pt/consultoria-negocios/assets/experiencia_e_tudo_18_.pdf>. Acesso em: 27 jul. 2019.
MERCHANT, Nilofer. How to invent the future. Harvard Business Review, 17 out. 2014. Disponível em: <https://hbr.org/2014/10/how-to-invent-the-future>. Acesso em: 27 jul. 2019.

fontes
Alegreya
Alegreya Sans

@novoseculoeditora
nas redes sociais

gruponovoseculo
.com.br